airiti press
華藝學術出版社

◎ 蔡榮祥 著

雲嘉南地方派系的持續與變遷

自序

　　俗諺有云:「君自故鄉來,應知故鄉事」。筆者個人的成長和工作的地方,正好與雲林、嘉義和台南這三個地方息息相關。筆者的雙親原生於嘉義縣布袋鎮新塭里和新岑里這兩個地方。雙親後來因為工作謀生的關係,搬遷至台南縣新營市。新營也是筆者完成國小到高中(新民國小、興國國中暨高中)的地方。之後考上台北士林東吳大學政治系和東吳大學政治學研究所,在東吳大學政治系幾位學術先進的教導下,筆者對於政治學研究深感興趣。之後選擇負笈美國,遠赴美國東岸波士頓大學攻讀政治學博士。感謝美國波士頓大學政治學教授暨中國通的 Joseph Fewsmith 教授(傅士卓教授)指導筆者完成博士學位。筆者學成歸國之後,感念當時中正大學政治系系主任黃紀教授、湯京平教授和吳重禮教授對於筆者的提攜和照顧,讓筆者得以在嘉義縣民雄鄉中正大學政治系追求學術的志業。目前筆者是居住在雲林縣斗六市。簡言之,筆者的成長、工作和居住的經歷正好涵蓋雲、嘉、南這三個地方。本於關心地方政治研究的熱忱，戮力進行這三個縣市地方派系運作的深度訪談，以及撰寫相關的派系研究文章，希冀對於台灣的本土研究克盡一份心力，同時也讓有意了解南部地方政治運作經驗的政治研究者和實務觀察家，提供一些筆者個人的研究心得或角度視野，讓他們可以繼續向前，深化台灣地方政治的理論或經驗研究的基礎。

　　本書得以完成必須要感謝許多人。在東吳大學政治系求學時代，筆者受教於郭仁孚教授、黃秀端教授、王晧昱教授、吳文程教授、黃昭弘教授等老師，啟蒙我對於政治學研究的興趣。其中王晧昱教授的比較政府課程，對筆者後來選擇攻讀這一領域的影響甚深。之後甄試就讀東吳大學政治學研究所，開啟筆者對於比較政治領域的研究興趣的老師是游盈隆教授。他開授的民主轉型和鞏固的課程，讓我非常受用，一直到我目前擔任教職，還是會懷念游老師嚴厲但提攜後學的教學態度。我的碩士論文指導教授是中央研究院社會學研究所吳乃德研究員。他略帶靦腆的笑容、學養甚豐、論證犀利的特點是指引我邁向學術之路的明燈。同時本書第二章的撰寫也歸功於吳老師的細心指導。論文口試委員中央研究院社會學研究所張茂桂教授對於我的論文寫作鼓勵甚多，雖然我未曾修過他的任何課程。另外，口試委員台大陳明通教授的書提供相關的材料，讓我可以繼續向前，完成本書的研究。台灣研究地方派系的學術碩彥趙永茂教授、陳陽德教授、王業立教授等人的著作對於本書有很大的啟發作用。最後，本書特別感謝父親蔡健良、母親王瑞蓮一生的照顧，以及內人莉雯老師細心呵護政瑀和鈞碩兩位兒子，讓我無後顧之憂。

本書同時要感謝嘉義民雄中正大學政治系優美的環境和溫和的氛圍，讓我得以靜下心來好好的寫作，完成這本小書。最後，要感謝所有接受我訪問的地方派系領袖和樁腳，沒有你們熱心的協助，本書無法完成。當然，所有的疏漏和錯誤都由筆者自行負責。雲嘉南是台灣最大的平原，孕育了許多精英和人才，希冀發生在這平原上精采絕倫的政治權力運作之故事，能夠在筆者的描繪和分析下，呈現給台灣關心本土研究的政治學者和政治工作者。

目錄 | 雲嘉南地方派系的持續與變遷

- i 自序
- 1 前言
- 5 第一章 政治密友主義：一個研究台灣地方派系的新理論
  - 5 壹、前言
  - 8 貳、文獻檢閱
  - 14 參、地方派系研究的新架構——政治的密友主義
  - 21 肆、地方派系的定義
  - 24 伍、民主轉型前後國民黨和地方派系的關係
  - 32 陸、地方派系的運作
  - 46 柒、結論
- 57 第二章 論地方派系樁腳的政治支持及選舉動員：以急水鄉為例
  - 57 壹、前言
  - 63 貳、文獻檢閱
  - 68 參、急水鄉派系產生之原因及運作現況
  - 70 肆、地方派系的政治支持是一致性或分割性？
  - 71 伍、樁腳和領導者在選舉時的支持對象
  - 77 陸、樁腳的政治支持出現不一致性的因素
  - 91 柒、樁腳的選舉動員

93		捌、椿腳如何與選民建立社會關係
108		玖、結論

119	**第三章**	**派系與政黨的結盟：以嘉義縣林派和民主進步黨為例**
119		壹、前言
124		貳、嘉義縣派系方誌
129		參、三方關係的結盟理論
135		肆、嘉義縣的個案
150		伍、結論

159	**第四章**	**民主進步黨與派系的非正式結盟：以雲林縣為例**
159		壹、前言
161		貳、雲林縣的派系發展和定位
165		參、民主進步黨和派系的結盟與矛盾
175		肆、派系和政黨的競合

| 185 | **第五章** | **結論與建議** |

圖表目錄

表次

頁碼	編號	標題
30	表1	民主轉型後歷屆縣市長選舉結果概況
69	表2	急水鄉第四屆到第十二屆鄉長和派系的屬性
72	表3	黃派的選舉支持情形
73	表4	程派的選舉支持情形
115	表5	黃派受訪者資料
116	表6	程派受訪者資料
117	表7	農會成員受訪者資料
117	表8	縣級地方派系受訪者資料
117	表9	民主進步黨受訪者資料
145	表10	1998年嘉義縣第四屆立委選舉當選人得票數
166	表11	1997年雲林縣縣長選舉結果
166	表12	2001年雲林縣縣長選舉結果
176	表13	2009年雲林縣縣長選舉結果

圖次

頁碼	編號	標題
130	圖1	威權統治時期國民黨和地方派系關係圖
134	圖2	民主轉型後國民黨與地方派系關係圖
168	圖3	雲林縣國民黨、民主進步黨和派系三方關係圖

前言

　　派系可以說是從古到今皆存在的現象。甚至有人提到：「只要有人的地方就有派系的存在」。派系的形成，主要的原因之一是因為權力的有限性。因為權力或資源是有限的，在競逐權力的過程中，會與其他的競逐者產生衝突。成功取得權力者，會利用資源和職位來交換追隨者的忠誠和支持，而無法取得權力者，會聯合因為分配不到權力，或是與有權力者產生衝突的人一起來和掌權者競爭，以獲取未來的權力。權力競逐之周而復始的故事不斷地上演，成為派系政治演奏的經常性曲目。我們可以從過去的君主時代或威權統治或是當代的民主政治中，觀察到派系的無所不在。從學術研究的角度出發，我們欲了解的是地方派系的持續和變遷。本書主要的問題意識在於提出新的地方派系理論來解釋地方派系的持續與變遷，並透過台南縣的鄉鎮派系競爭模式的研究來凸顯地方派系金字塔結構的質變或是弱化、嘉義縣的地方派系加入政黨的過程以及雲林縣派系與政黨的非正式合作來解釋不同地方派系運作的圖像。亦即,以雲嘉南三個縣市的地方派系運作來進行理論建構,並和經驗資料進行對話和檢證。

地方派系的研究是屬於台灣本土社會科學的重要議題,因為地方派系的發展與地方政治和社會的權力競逐息息相關,所以吸引許多學者投身這個領域。自從台灣在 1950 年代開始實施地方自治如舉行縣市長選舉之後,明顯出現縣市級地方派系的現象。因為選舉競爭的關係,選贏者與選輸者分別成立派系來彼此對抗,或是由掌握行政和立法機關權力的首長分別成立縣長派和議長派來相互抗衡。不同縣市的地方派系發展和運作模式不盡相同,地方派系的組織特性也不相同。有些縣市的地方派系組織比較制度化,既使在非執政時期也可以繼續運作。另外一些縣市的地方派系組織比較鬆散,比較是屬於個人化的運作模式,在執政時期因為掌握行政資源,個人化組織仍可以持續運作。當沒有掌握重要的行政或立法權力時,派系運作會出現政息人散的危機。台灣民主轉型後,過去政黨和派系之間的關係可能從上下的從屬關係轉變成較為平等的關係或是以非正式的結盟方式來合作,甚至是派系以加入政黨的方式來延續派系的生命。地方派系這樣一個重要的非正式組織究竟如何運作,是許多地方派系研究者所想要了解的關鍵議題。本書試圖透過雲嘉南地方派系的持續與變遷的經驗來建構地方派系的新理論,以期增進對於台灣地方派系運作的掌握和理解。

在威權統治的時代,台南縣的地方派系原本有山派和海派兩大派系。民主轉型之後,自 1993 年到 2012 年近二十年中,民主進步黨連續取得台南縣的縣長職位如陳唐山縣長（1993-2001）、蘇煥智縣長（2001-2010）、和合併升格為台南直轄市的賴清德市長（2010-2013）。原本的派系（山派和海派）的運作已經消失殆盡,政黨取代派系成為地方政治權力競逐的主角。筆者在1995年於台南縣（化名為曾文縣）的一個派系明顯的鄉鎮,觀察到地方派系金字塔的組織運作已經出現了質變,有些派系樁腳出現了自主性的現象,在不同層級的選舉中,出現支持不同政黨候選人的情形。延續這樣的問題意識,本書主要的研究關懷是地方派系的持續與變遷。首先,第一章主要是透過新的密友主義的派系理論來重新檢視派系的運作,並以嘉義縣的派系訪談經驗資料作為佐證。本書的第二章主要在論證派系組織並不是一個高度統合的非正式組織,其政治支持會出現分割性,在不同層次的選舉會有不同的凝聚程度。因為這個特性,才能解釋為何民主進步黨能夠在派系競爭激烈的台南縣走出自己的一條路。原因是因為有些派系的重要人物或樁腳選擇支持民主進步黨。例如山派在縣長選舉中暗助民主進步黨。其次,本書的第三章主要是以過程追蹤（process-tracing）的方法來分析為何嘉義縣的地方派系（林派）會選擇加入民主進步黨。本章的途徑是採取結構過程分析,關注促使派系加入政黨的結構性因素、聯盟形成前的討價還價過程。再則,本書的第四章介紹雲林縣地方派系的形成與發展,並剖析民主進步黨和派系之間的競合關係。雲林縣地方派系的政治揮發性比較大,派系的形成和發展主要是以個人或家族為基礎,當派系領導者掌握縣長職位或其他重要的政治職位時,便自成一派。而當其領導人失勢之後（無掌握縣長職位之後），派系會相對地衰退。民主進步黨如何第一次在雲林縣能夠政黨輪替的關鍵因素是派系的襄助和奧援。為何派系寧可選擇支持民主進步黨的候選人，而不願意支持與其過去有合作經驗的國民黨所推出的候選人是本章所要處理的關鍵議題。第五章為結論，歸納前面四章的研究發現和論點。綜觀之，本書主要的目的是欲透過雲嘉南三個地方派系的個案來建構新的地方派系理論或解釋框架，以期理解和分析台灣民主轉型後的基層政治或社會的圖像。

第一章

政治密友主義：
一個研究台灣地方派系的新理論[1]

壹、前言

　　在台灣有關地方派系的研究和相關的文獻可以說是汗牛充棟。除了學術研究者基於對台灣本土研究的關懷，而積極投入派系研究的原因之外，這個狀態也深刻地反映出地方派系在台灣地方政治和社會的重要性。地方派系或許不是一個遍及全台的政治現象，特別是在都市化程度高的地方[2]，

---

[1] 本章曾經發表於台灣政治學會年會暨「台灣民主的實踐：責任、制度與行為學術研討會」，2007年11月17日至18日，國立政治大學，台北。感謝東海大學政治系陳陽德教授在研討會上對於本文的評論和肯定。可惜的是哲人日已遠，典型在夙昔。陳陽德教授對於地方政治研究的貢獻以及投身民主運動的實踐精神，永遠讓人追思和懷念。

[2] 然而，有一些研究持相反的觀點。一項以台北縣的經驗資料研究證明，都市化程度與派系影響力是正相關的關係，亦即都市化程度愈高，派系影響力愈高（高永光，2001）。

但至少在許多縣市和鄉鎮的政治場域中,地方派系和選舉的關係是密不可分的。對於某些政黨或是候選人來說,是否有特定派系的選舉動員和支持,遠比其政見、候選人形象或是議題立場來得更重要。因為有強而有力的派系支持之下,派系會透過綿密的動員網絡(networks of mobilization)為候選人拉票。因此在一些地區中,派系支持的候選人的當選機率,會比非派系支持的候選人更高(黃德福,1994;Bosco, 1992),或是愈基層的選舉以及在農業地區,派系的動員就愈有效(Bosco, 1994)。

在地方派系研究所適用的理論中,有兩個重要架構[3]。第一個架構是恩寵依侍關係(patron-client relationship)的理論[4]。這種途徑認為在威權統治時期,國民黨和地方派系的關係是恩寵依侍的上下連結,國民黨透過政治和經濟利益的分配和供給,以交換地方派系在選票方面的支持(Wu, 1987)。因此,地方派系在動員選票方面、分配恩寵資源,和幫助國民黨控制台灣等方面扮演了重要的角色(林佳龍,1998;Bosco,

---

[3] 有關台灣地方派系研究中理論途徑的回顧性文章,可以參閱吳重禮(2002)。吳一文認為過去台灣的派系研究可以分成經濟學和社會學兩種途徑。另外,吳一文也指出,派系研究需要以政治學的途徑,如觀察地方派系的組織利益和領導菁英的個人利益的差距等,作為派系研究的未來方向。

[4] 有些學者以雇主—代理人(principal-agent)的共生關係,來理解國民黨和地方派系之間的共生關係,認為地方派系(代理人)協助國民黨(雇主)贏得選舉、統治社會,而國民黨則給地方派系某些區域性的政治經濟特權,其關係稱為(即一般所稱的)侍從主義、依侍主義或是恩庇主義(clientelism)(林佳龍,1998:171)。基本上,在政治學的研究中,雇主和代理人的關係,通常被應用在解釋選民和民意代表之間的契約關係,如選民定期可以對民意代表加以審核,亦即在定期選舉中,以選票來決定民意代表是否可以繼續代表他們。相對地,恩寵依侍關係可能是鬆散的,非契約性的連結。兩種理論之間仍然存在一些差異。

1992）。另外，地方派系作為一個政治機器，也是運用恩寵依侍的關係，進行內部組織的運作和凝聚（丁仁方，1999；陳華昇，1993；Wu, 1987）。這個架構主要是援引人類學中的恩寵依侍關係或依侍理論（clientelism），強調利益的交換關係。依侍理論可以說是台灣派系研究中主流的分析架構。第二個架構強調關係的網絡，認為派系形成的原因是，派系成員運用人際關係的網絡來進行連結和動員。這個途徑專注社會和文化的連結，對於政治行動的影響，其主要是從社會中心的角度出發，探討派系的社會網絡基礎，如何作為選舉動員的有效機制。在這兩個架構指引之下的派系研究，累積相當多的成果及知識。然而，這兩個架構雖指出了派系研究的重要面向，但卻無法解釋派系間競爭的消長變化、派系椿腳的流動、派系與政黨結盟關係的轉變等重要問題。

　　本文的目的和企圖在指出上述兩種架構的不足之處，並試圖提出一個替代性的整合架構，去解釋地方派系與政黨之競合關係、地方派系的運作、地方派系間的競爭關係和實力消長、地方派系的領導繼承等重要問題。本文主要的研究問題是民主轉型後，原本地方派系和政黨的關係，是否已經出現本質上的轉變？派系如何運作？派系之間的競爭狀態和實力消長，與地方政權輪替的互動關係為何？在派系之政治實力擴充和萎縮的不同時期中，派系是否出現不同的運作機制？這些運作機制的差異為何？派系如何進行領導繼承？上述這些問題的答案，對於理解民主轉型後台灣的地方派系運作是相當關鍵的。其次，為求理論的適用性和有效性，本文以質化方法論中的個案研究（case study）為方法，並以嘉義縣地方派系的訪談經驗資料來進行理論的檢證。在方法層次上，本文的個案是屬於主流理論所不能解釋的異例（deviant case）或外層個案（Outlier）。政治學質化方法論學者指出，當異例或外層的個案之研究結果，不是傳統理論所預期的結果時，這樣的個案具有啟發性的目的（George & Bennett, 2005: 75），本文希冀透過這個個案建構出一個新的派系研究架構。對一個個案所進行的研究可能面臨的限制是其無法像大樣本研究（large N）一樣，進行全面性的一般化（generalization）推論。本文為了解決這個可能的限制，選擇關注個案的內部差異（within-differences of a case），以嘉義縣林派和黃派兩個派系作為兩個個案，來檢證研究架構的外在效度和推論張力。另外，小樣本個案（small N）的研究通常會出現過多的理論承載（theory-laden）的問題，這個部分可以透過未來其他地方的派系研究，來進行相關理論的檢證或相互的對話。最後，本文受訪者的數目為數較少，基本上會面臨所謂樣本代表性的問題。然而，如果這些受訪者的內容和資料，與目前主流的理論論述不同或據此提出新的理論時，個案數少的研究限制可以被部分的合理化（justification）。本文的分析路徑如下：首先，回顧過去研究傳統中對於以上研究問題的解釋，以及提出相關的評論。再者，提出新的派系研究架構──政治密友主義。最後，以嘉義縣的派系運作作為經驗的檢證，並歸納出本研究的結論。

貳、文獻檢閱

一、地方派系研究的傳統架構──恩寵依侍理論及其批評

根據政治研究者 James C. Scott 的詮釋，恩寵依侍的關

係是一種角色之間的交換關係,其可以界定為兩個個人之間,具有工具性的友誼關係;在其中,一位具有較高社會經濟地位的人(恩寵者)會使用自身的影響力和資源,去提供一個較低地位的人保護或利益,或者兩者皆有,而地位較低的人(依侍者)藉由提供一般性的支持和幫助,包括個人服務給恩寵者(Scott, 1972: 125)。更進一步來說,支撐恩寵依侍理論的架構之下,有幾個重要的支點。(一)恩寵依侍的關係中的恩寵者和依侍者的資源和權力是不平等的,是垂直的上下關係(Eisenstadt & Roniger, 1984; Landé, 1977);(二)形成恩寵依侍的社會關係的基礎是相互性的,面對面的關係(Eisenstadt & Roniger, 1984; Scott, 1972);(三)恩寵依侍的關係是特殊性(Eisenstadt & Roniger, 1984)。特殊性是指恩惠和資源的交換不是普遍可以獲得的資源(Wang, 1994);(四)恩寵依侍的關係可能是持久的,因為只要雙方有一些東西可以提供給對方,就可以維繫下去;另一方面恩寵依侍關係也可能是脆弱的,因為它是鬆散的、非契約的連結,任何一方可能去反對另外一方持續形成對自己過度的需求,以及甚至是過度剝削友誼關係(Scott, 1972: 126, 145)。甚至,恩寵依侍的關係是可以被任何一方的成員自願的廢除(Eisenstadt & Roniger, 1984);(五)恩寵的內容可能包含影響力、政治服從、利益等(Weingrod, 1968);(六)就組織架構而言,恩寵依團體的內部可以分成領導者、核心、外圍三個層次,核心的成員主要是以較強的感情進行連結,而外圍的成員是以所謂工具性的利益作為交換基礎(Scott, 1972: 130-131)。

恩寵依侍關係概念或是分析架構被廣泛地運用到台灣的地方派系研究上。但是在轉換適用的過程中，出現一些遺漏或是誤解。在西方的研究傳統中認為，恩寵依侍關係的連結是一個行動組合[5]，其存在主要是因為成員與共同領袖有直接的連結，或是經由中間的媒介而與共同領袖有間接的連結；領袖可以使整個團體整體行動或是部分行動（Mayer, 1966）。而且在這樣的團體中，相同的成員在不同場合之下，可能會動員不同的盟友；甚至不可能整個或是最大化的團體在未來持續地行動（Landé, 1977: xx）。首先，當恩寵依侍這樣的概念被運用到台灣的派系研究時，變成派系的權力結構是一種縱型連鎖的關係，上下之間存有統屬的支配；而且這種關係類似一種樹枝狀的結構，加上派系權威式的領導，使得地方派系從上到下的貫徹非常良好（苗惠敏，1991：36-37）。其次，一項研究認為地方派系是屬於金字塔型的結構，意謂著地方派系是一個高度統合之非正式組織，其政治行動具有相當程度的凝聚力（陳華昇，1993）。事實上，如先前所述，派系組織不一定是一個具有一致性、協同性的政治機器[6]，其可能在不同的選舉中，進行不同的政治動員。再者，台灣地方派系研究強調的恩惠交換，過於重視所謂的物質利益的面向（如王振寰、沈國屏、黃新高，1994）。事實上，

---

[5] 行動組合連結（action-set linkage）與所謂網絡連結（network linkage）的不同之處在於，行動組合更強調促進成員間利益的交換（Mayer, 1966: 112-113）。

[6] 政治機器是指涉一個非意識型態的組織，對於政治的原則遠比確保、維持其領袖正式的職位，和分配收入給那些實際參與的人之興趣來的小；它依賴具體的方式來為其支持者實現一些目標，而不是依賴其所採取的原則或是立場；一個政治機器在實際上也可以比喻成一個企業中所有的成員皆是股東，股息是根據投資給付（Scott, 1969: 1144）。

西方學者的看法是認為恩惠交換不僅是交易,也隱含著一種關係,是派系核心的連結(Bosco, 1992: 165)。

恩寵依侍關係的理論核心主要是強調上下的不平等關係。然而,這種不平等的恩寵依侍關係,在傳統社會中比較容易維持,而在現代社會快速變遷之影響下,會使得恩寵依侍上下不平等關係出現轉變。如一位學者談到,在現代社會中,因為存在彼此競爭的成分,依侍者和恩寵者之關係本質會轉變為較不確定,以及彼此關係會較平等(Theobald, 1983)。也就是說,當不平等的關係轉變成較平等的關係時,恩寵依侍的概念也就不能完全適用於現代化的社會之中[7]。運用到台灣地方派系的脈絡上,一些學者也觀察到這樣的轉變。首先,如政治學者趙永茂認為,台灣地方派系的結合和運作型態不僅存在垂直的交換關係,也同時存在水平對等的交換關係(趙永茂,2004)。其次,一些研究提到民主轉型後,在台灣的地方社會中,不同層次的立法代表(如立委和縣議員之間或是縣議員和鄉、鎮市代表之間)會結合成較為平等,並相互支持的二元聯盟(dyadic alliance)的關係,超越傳統的恩寵依侍關係(Mattlin, 2004)。另外,其他研究認為派系中較低層次的政治領導者支持派系外較高層次的政治領導者,可以看成是委託人和代理人的模式(principal-agent model),前者將權力授與後者,以便於保護其利益(Cheng & Chou, 2000: 44)。綜觀之,受到政治結構性的因素,如民主轉型和派系自主性發展的影響之下,恩寵依侍架構的適用性必須重新被審視和檢討。

---

[7] 當恩寵依侍關係慢慢的衰退或是減弱時,以個人關係為主的連結仍然存在於正式的組織之中(Theobald, 1983: 143)。

另外,對於派系本身的運作及派系的發展來說,恩寵依侍理論的侷限性在於以下幾點:(一)當地方派系掌握縣級行政領導的政治及經濟資源時,某種程度上,派系領導者可以透過資源的分配來進行派系內部運作或是勢力擴充,但是當派系本身無掌握縣級行政領導的政治、經濟資源,以及重要的地方組織,如農會或信用合作社時,恩寵依侍理論的適用性就出現了侷限性;(二)如果恩寵依侍的關係是上下統屬關係,或是高度忠誠關係,很難解釋一些派系的政治實力在特定時期(如無掌握縣長職位)的減弱,或是出現部分派系次級成員的流失;(三)強調資源交換的恩寵依侍理論很難解釋一些派系中的次級成員,在派系本身的資源或實力減少的情況之下,仍與派系領導者繼續依存和維持穩固的關係。

二、地方派系研究的傳統架構——社會關係理論和批評

另一個地方派系研究的典範是社會關係的理論,強調派系的文化或是社會意涵。這種途徑認為台灣的地方派系是一種依賴關係[8](guanxi)的政治聯盟。首先,關係愈密切,政治聯盟愈可能形成和維持(Jacobs, 1980)。所謂的關係是指地緣、血緣、同事、同學、結拜兄弟、姓氏、師生、共同經濟夥伴、公共關係等九種基礎(Jacobs, 1980: 41-48)。另外,一些學者認為地方派系是基於血緣、姻緣、地緣、語緣等初級團體所建立起來的人際網絡(陳明通、朱雲漢,1992)。或是另外一些學者主張從日常生活人際間的互動為起點,探討何以會出現地方派系。某人想要成為某派系的一員,只要

---

[8] 有關關係(guanxi)的理論建構和經驗指涉,請參閱黃光國(2009)。

與此派系的公眾人物建立網絡關係,而且互動情況熱絡些,很自然被染色以及被別人歸至某派系;亦即,派系的組合之下,包含了很多的社會生活中發展的人群組合;一時派系的結合只是說明,其暫時將這些人群組合兜在一塊兒的現象(王明輝,1994:182-183)。類似地,一些研究指出人情與關係構成的社會網絡結構,是派系在競逐政治支配力的運作基礎(陳介玄,1997)。上述這四種看法,基本上都強調派系形成的社會或文化基礎,是建基於日常生活互動的關係網絡。

然而,所謂關係和血緣等人際網絡,可能只是增補地方派系成員的管道或是來源基礎,並不是派系運作的最重要機制。派系運作最重要的機制是派系領導者透過自願性的交換,來增補或是維繫派系成員的合作和支持(Firth, 1957: 292; Nicholas, 2004: 29)。因之,即使在一些地方社會中存在著派系關係的管道,如血緣、姻緣、地緣、語緣等,也不一定會有派系產生。基本上,必須要有派系領導者主動利用這些管道,進行成員的增補和維繫,才能形成派系並使派系持續運作。其次,這種文化或社會意涵的界定有其重要的意義,如透過傳統的連結關係,來解釋非正式的政治組織——地方派系的起源或運作。其可以清楚掌握派系得以擴散或維持的各種途徑和管道。但太過於關注這種層面有其侷限性,無法了解派系運作的真正核心。如認為派系領導者和派系成員,之所以組合在一起是由於網絡關係的說法,似乎太強調社會意涵的面向。實際上,個別的人群組合如親族、地緣、朋友、家庭等,不一定會形成共同的態度和行動。有些家庭或是親族的成員甚至分屬於不同的派系,這些現象是上述的途徑所不能解釋的。另外，從個別的角度來看，個人的社會網絡所形成的互動，不一定與其政治網絡重疊。亦即，社會網絡中的一部分朋友，不一定會進行政治的聯繫和動員。因此，派系成員的組合和運作，主要是經由交換來吸納不同團體身分的成員，而個別的人群組合只是吸納成員的不同管道，不能把這些管道當成是派系形成的核心機制。再者，強調社會關係的意涵，會推演出派系以傳統人際關係來凝聚派系的內部，會使得派系的政治支持趨向於一致。但實際上，有時不同的人際關係，會形成衝突或是出現人際關係與恩惠交換關係之間的競爭和衝突。這些情形會使得強調社會關係理論的適用性出現侷限性。

參、地方派系研究的新架構──政治的密友主義

指引本文的架構是政治密友主義[9]（political cronyism）。首先，這種觀點認為民主轉型之後，地方派系和政黨的關係不是上下的恩寵依侍關係可以解釋的，而是論證地方派系和政黨（特別是國民黨，因其擁有較龐大的政治經濟資源）的關係，在台灣民主轉型過程中，已經變成彼此既競爭且合作的密友關係。其次，派系內部的運作，如領導者和樁腳的關係，也必須用政治的密友主義來解釋：（一）密友關係指的是結盟兩方成員的資源會出現消長變化，很難區辨出像恩寵依侍理論所指涉的，誰是固定的恩寵者，誰是固定的依侍者；

---

[9] 密友主義（cronyism）的概念源起政治經濟學領域，其主要被運用在腐化和經濟發展關係的解釋上。這種觀點認為國家和大企業之間是一種密友的關係，彼此合作或競爭，甚至是相互監督（Kang, 2002）。本文將這種觀點引介到派系研究上，並加以補充和修正，以解釋台灣地方派系與政黨的關係以及地方派系內部的運作。

（二）密友關係強調結盟雙方是較平等的，不是像恩寵依侍理論所側重的上下不對稱的關係；（三）結盟的關係有時會較緊密，有時會較鬆散，甚至會出現競爭或是衝突；（四）密友的關係也存在著交換，但其是一種相互影響的交換關係，而不是上下支配的交換關係；（五）對於任何一方的結盟者，這種結盟的關係可以隨意的廢除，也可能因為同時面對外在更大的敵人，而放棄過去的間隙再次的合作。

從密友主義的視野出發來理解地方派系，具有以下幾個重要的特徵：（一）本文主張派系領導者與派系中較忠誠的次級領導者的連結是穩固的密友主義（solid cronyism）。這些較忠誠的次級派系領導者不可能因為敵對派系提供更多的物質利益交換而轉變派系屬性。也就是說，關係的緊密程度可以超越單純的利益考量。當然，這樣緊密關係的起源最初可能是經由利益交換，但是彼此的互動關係在利益交換之後，會產生一定程度的情感連結，導致其他派系以更大利益的收買也無法撼動原本緊密的關係；（二）派系領導者與一些可能會流動的次級派系領導者，或是成員的連結關係是脆弱的密友主義（fragile cronyism）。這些較不具忠誠的派系成員與派系領導者的關係，並不如先前所談的成員關係那麼穩固，雖然他們在特定的時期內，會視對方為親密的盟友。但是，在這個關係模式之中，利益的交換或是得失的計算大過於關係的聯繫。也就是說，這一群成員可能在未來會移轉，選擇投靠到掌握政經資源的敵對派系之下；（三）密友主義的二人結盟可能在社會、經濟地位方面是不平等，但是其結盟關係之政治地位是較為平等的。這裡指的是派系組織中成員和成員的關係。當派系領袖和成員，同時有正式組織的上下關係時，其關係是不平等的，所以兩者不能同時混為一談。例如，派系的領導者，無法完全支配或是命令次級領導者的政治行動，即使他們有較高的社會和經濟地位或資源[10]。因為次級的領導者，相對地也掌握了領導者所需要的政治動員資源（例如掌握一些選民的支持）。也就是說，在政治方面的結盟關係是較平等的，彼此都有對方所需要的資源。而且，有時候結盟關係的本質，很難用個別社會或是經濟地位的高低來衡量。例如，去假定社會及經濟地位低的人，更需要社會及經濟地位高的人的恩惠或幫助的論證不一定能夠必然成立。因為有形的資源可以具體測量及比較，但是無形的資源可能無法有相同的基準。另外，一些掌握某部分的政治資源（特別是選票動員）的政治行動者，也可以彌補其在社會、經濟地位的劣勢。

民主政治的運作邏輯是政治人物的權力和資源，需要得到人民的同意或是授權。也就是說，政治人物需要定期的參與選舉以及贏得選舉勝利，才能繼續執政或掌握資源。因此，誰有選票和誰能動員選票，比誰有更多的經濟資源可能會更重要。至少在派系這樣非正式組織之中[11]，這種由下而上的選舉結構因素，某種程度使得派系人物和次級領導者成為較平

---

[10] 政治學者 James C. Scott 在研究政治機器的一篇文章中談到，政治機器中的領導者很少以命令的方式領導，因為他們的支持者，會根據所接受的價值或所期望的價值基礎，反過來要求領導者；政治機器大部分會接受其選舉支持者的原來樣貌，並以吸引他們的支持作為回應的方式（Scott, 1969: 1144）。這段對於政治機器中領導者和支持者的觀察與本文的論證相互呼應。

[11] 當派系領袖與次級領導者的關係，同時具有地方行政首長和地方鄉鎮長的角色身分時，他們的關係會較是上下的關係或是較不平等的關係。

等的關係[12]。當然,派系領袖可能會掌握較多的經濟、社會資源,但有時其影響力無法完全穿透到每一個基層的選民之中,因此需要次級領導者或是所謂的樁腳來進行動員。次級領導者或樁腳所掌握的政治資源,可以彌補其經濟和社會地位的不足。對於有些領導者之所以會提供特定的經濟資源交換的原因,也是因為該次級領導者或是樁腳重要的政治實力。其次,人類互動的行為中充滿著不對稱的資訊,特別是在非正式制度下的互動關係,以及權力地位較低或資源較少的人,不一定擁有較少的資訊[13](North, 1990)。運用到派系這樣的非正式組織中,派系領導者對於樁腳的政治實力(控制多少選民的選票)的資訊,相較於樁腳對其可掌握的選民之資訊是較少的。再者,樁腳作為掮客(broker)角色,所牽涉的交換關係,以及掌握的資訊有時比恩寵者還多,同時他們可以將一些交換的失敗責任,推卸給上面的恩寵者或是下面所接觸的人(Mayer, 1966)。對於派系的樁腳而言,其同時掌握來自派系領導者和更次級樁腳或選民的個別資訊,以及扮演所謂資訊傳遞者的角色,並且可以將自己所需承擔失敗的責任減輕。也就是說,樁腳掌握更多的政治資訊(動員方面的資訊)可以讓樁腳與領導者的關係較趨向於平等。

---

[12] 類似地,政治學者 James C. Scott(1972)也談到一個現代的恩寵者,可能有一些強制的權力且握有正式的權威。假如用這種力量或是權威來命令,是不足以確保依侍者的順從。主要的原因是選舉競爭的動力,改變了恩寵依恃關係的一個重要面向——依侍者藉由資源的增加(擁有選票)改善了與恩寵者討價還價的位置。地方派系學者陳介玄(1997: 43)也提出相同的看法,認為樁腳並不是純然只是一個弱勢的被支配者,從整個樁腳網絡與派系網絡互動的結構來看,由於他們掌握了俗民網絡,所以也有對於派系反制的權力。

[13] Douglas North 以所謂的系主任聘用助理教授的例子來說明,有希望成為助理教授的候選人,掌握自己工作習慣的資訊比系主任還要多(North, 1990: 29-30)。

再者,任何一個正式組織中,即使是層級較低的成員,都擁有一小塊的不確定區域,亦即其所擁有的資源可以被運用在權力競逐的遊戲之中(Panebianco, 1988)。這樣的觀點同時也可以運用到派系這樣非正式的組織之中。例如,派系的樁腳,由於直接掌握的資源是其所能影響和動員選民的能力,因此可以使其與領導者之互動關係中較為平等。最後,即使派系領袖透過利益的分配,或是金錢的直接收買來交換樁腳的動員支持,也會出現一種不確定性。因為派系領袖的行為不是與樁腳進行直接且立即的交換。派系領袖一直要到選票開出之後,才知道樁腳動員的情形。樁腳可能會出現怠惰或動員不力的情形,但因為有時選票的部分來源,不是來自於樁腳動員,而可能來自於其他選民自主性的支持,而使得單從選舉結果,無法正確計算樁腳的動員效果為何,除非樁腳完全不動員或是反動員。也就是說,選票的多重聚合效果,會出現有時無法完全計算出特定樁腳的政治實力的現象。雖然派系之樁腳其政治、經濟地位較低,但掌握選民的資訊可能多於派系領袖。這樣的資訊不對稱會使得樁腳和派系領袖的關係較平等,或至少在選票資訊的掌握程度,可以抵銷其社會經濟地位上不平等的差距。

(四)領導者和次級領導者的關係,是指彼此在非正式組織中的相對位置,不存在著所謂正式組織的上下統屬關係。當然,領導者對於次級領導者仍存在部分的權威,但是權威的關係來自於自願性的服從或是恩惠幫助的交換;(五)派系的領導權力繼承之成功與否,必須依賴新的派系領導者個人密友主義的經營,而非只繼承領導者的名號就可以領導整個派系。如果新的領導者與派系次級成員只維持鬆散的密友主義關係,其所掌握的政治實力會較不如前任的領導者。

政治密友主義在分析上的優點,是其可以解釋派系發展之動態變化、部分派系成員在派系之間的流動、以及派系的核心基礎。另外,其是一種政治社會學的途徑,企圖結合人類學之恩寵依侍理論和社會學關係學派的優點,且排除他們的缺點,來清楚掌握台灣地方政治重要的選舉機器——地方派系的屬性、運作、發展。類似於政治密友主義的解釋是 Carl H. Landé 所提出之水平的二元聯盟(horizontal dyadic alliance)的概念。水平二元聯盟指涉著兩個個人之間以交換恩惠,以及在需要的時刻來彼此幫助的一個自願性的協定[14](Landé, 1977: xiv)。首先,在需要的時刻來彼此幫助方面,其指涉義務存在於雙方之間,以及每個人期待對於他人福祉之真正關心,以及作一些可以促進他人福祉的事,而沒有正確計算自己的成本;在恩惠的交換方面,恩惠的交換成為維持一個二元聯盟的工具,以及交換恩惠也允許每個盟友呈現自己在聯盟內的興趣,且樂意為盟友犧牲(Landé, 1977: xiv-xv)。其次,Landé 也談到,當彼此交換的內容具有等同性時,則其可能促成二元聯盟的瓦解(Landé, 1973: 105)。因為彼此所需要的交換內容並不具有特殊性,所以這種聯盟的關係會較脆弱。派系領導者和一些次級領導者,或是一些樁腳的連結可能是較不穩定的關係。一個領導者必須盡全力為其追隨者獲得利益,而每一個追隨者必須向其領導者證明自己的

---

[14] 相對於水平的二元聯盟的概念是恩寵依侍的關係,相關的討論請參閱 Landé(1977: xx-xxiii)。

價值；假如任何一方發現他們的回報和投資不成比例，則他們可能取消兩者之間的協議，如追隨者選擇放棄自己的領導者以及去尋求另一領導者，而領導者可能中止去供應利益給一個無價值的追隨者（Landé, 1965: 145）。

　　水平的二元聯盟談的比較像是一般朋友之間較無私的友誼和互惠的交換。而政治的密友主義則強調是為政治目的而結合之友誼關係。兩種概念的類似性在於結盟雙方是較平等的關係，而其差別是政治的密友主義可能會出現雙方既合作又競爭的情況，以及雙方的合作可能是根據短期的政治計算（political calculation）而非不考慮自己的成本（如脆弱的密友主義）。當然，政治密友主義也可能會出現較緊密的政治友誼關係，彼此的情誼連結非單純的利益交換可以取代（如穩固的密友主義）。大體而言，友誼關係基本上可以分成兩種，情感的友誼關係和工具性的友誼關係；情感的友誼關係是根基於相互的回報，而工具的友誼關係的基礎是為了獲得資源的接近途徑；情感的友誼關係會因為嫉妒或挫折而產生敵意，而工具的友誼關係也會因為其中一方過度汲取另一方的資源，而產生瓦解的危險（Wolf, 1968: 10-13）。派系領導者與核心的樁腳是屬於情感的友誼關係，而派系領導者與外圍的樁腳是工具性的友誼關係。這兩者關係都有可能會出現轉變，但是相對而言，情感的友誼關係相較於工具性友誼關係較為穩固。下面我們將回顧過去的研究對於地方派系的界定，並釐清派系運作重要的特質，以作為政治密友主義分析架構的發展基礎。

肆、地方派系的定義

台灣過去的地方派系研究對於派系的界定[15]，主要可以分成幾個不同的關注焦點的面向：（一）強調派系的政治目標和性質。如地方派系之有別於其他黨派團體者，乃由於其以利害為主，無正式組織；其領導方式乃靠個人關係，至於其活動則採半公開方式；其活動偶遇選舉而更加強，且因無組織，故其持久性常是人亡派息；地方派系主要是指以爭取地方政治權力為主而形成（趙永茂，1978）。類似的看法是認為地方派系的根源，主要是因為地方選舉的政治競爭所產生的選舉恩怨，而形成的非正式組織（陳陽德，1987；Bosco, 1992）。這種界定強調政治利害和政治權力的面向，說明了派系競逐地方政治場域的目標。

（二）強調派系的文化或社會意涵。這種途徑認為台灣的地方派系是一種依賴關係（guanxi）的政治聯盟，且關係愈密切，政治聯盟愈可能形成和維持（Jacobs, 1980）。或是認為派系是基於血緣、姻緣、地緣、語緣等初級團體所建立的人際關係網絡（陳明通、朱雲漢，1992）。這種觀點認為派系以傳統人際關係來凝聚派系的內部，屬於文化或是社會意涵的闡述。然而，根據一個對於台灣地方派系起源的先鋒研究指出，台灣地方社會歷經1959年和1961年的選舉程序

---

[15] 西方學者對於派系的界定為（1）派系是衝突團體；（2）派系是政治團體；（3）派系不是組合式團體；（4）派系成員是由一個領袖所增補而來；（5）派系成員的增補是根據不同的原則（Nicholas, 2004: 27-29）。其次，有一些研究強調派系是個準團體（quasi-group），領導者和次級領導者之間的關係，比次級領導者和支持者的關係更為重要（Bujra, 1973: 134）。

的改變,如鄉長改採直接選舉方式產生,以及鄉代表的選舉區域,超越以往以一個村為單位等因素的影響,使得原本以親屬關係為連結的派系基礎,擴大轉變成派系領導者需透過恩惠的給予,來交換政治的支持和甄補地方的支持者(Gallin, 1968)。也就是說,選舉社會基礎的擴大改變了派系連結基礎的內涵,非單純的親屬關係或是人際關係網絡可以涵蓋。另外,地方選舉中的候選人如要當選,不僅需要其戶籍地的票源區之選票,同時也需涵蓋其他地區的選票,因此經由派系在其他地區所建立的人際關係網絡,可以強化候選人的支持基礎及當選機率(翁崇明,1999:91-93)。

(三)強調派系的經濟利益。一些學者認為,派系是建立在個人與個人非正式的關係上,而這種非正式關係,通常是透過利益交換而建構起來的。他們更進一步推演派系網絡的主軸是頭頭與大樁腳、大樁腳與小樁腳、小樁腳和基層群眾之間的個別關係,而每一個個別的關係都是上下侍從關係(王振寰、沈國屏、黃新高,1994)。基本上,這種說法所強調的利益交換,的確是派系運作的重要本質。然而,派系領導者和派系成員在持續的交換過程中,也會產生情感的成分,不只是單純的利益交換來維繫他們的關係。其次,有一些學者認為威權政體轉型前後的派系運作模式出現重要的轉變。威權政體轉型之前,派系是依靠傳統情感人情的關係為基礎,而在威權政體轉型後,物資誘因和利益計算才是派系運作的主要依據(丁仁方,2000;趙永茂,2004;趙永茂、黃瓊文,2000)。另外,一些學者認為派系的形成,主要是因為經濟不安全感而結合成的關係式交易網絡(王輝煌、黃懷德，2001）。所謂的關係式交易是指為求經濟安全之改善，經濟個體尋求另一個個體，從事種種長期、多面向（multi-faceted）、相互式的經濟交換（王輝煌、黃懷德，2001：122）。然而，人際互動的本質，有時無法用經濟的交換或價值來完全涵蓋，有時是互惠或是為了面子問題而形成關係的互動。當然，不可否認的是，有一些機會主義式的派系成員，會以利益作為互動的基礎，來改善自身經濟安全的不確定性。

（四）一些學者認為人情往來加上政治利益，才可以解釋地方派系的政治現象。這種觀點認為派系是一種經由長期的社會互動；這些社會互動包含了非正式的交換、回報和義務等構成的人情關係；派系以這種穩定的人群關係來進一步擴展和延伸，成為派系的關係網絡；派系關係網絡的構成，不必然僅是一種政治利益交換的關係；派系之所以能夠左右選舉情勢，乃是利用原有在日常生活中既存的人情關係，以此為基礎在選舉過程中，再一次強化原有的可靠性和信任性（涂一卿，1994：136）。這種觀點可以彌補單純強調利益或著重人情的缺點，擴大了解釋的層面。

（五）強調依侍網絡的運作為地方派系的本質。在派系的組織中，成員有感情的成分，也有實質利益的實現；由於地方政治的恩寵者握有權力地位，得以分配個人恩惠給依侍者，以便交換選票支持；而且派系必須透過一些傳統價值（友誼、親屬、地方主義）來鞏固領導者和成員間的關係（Wu, 1987）。這種觀點主要是認為派系以恩寵依侍關係為主要的運作機制，而傳統價值則是鞏固派系內部的管道。綜合上述幾種對於地方派系的界定和運作不同看法，我們可以得到一些基本的共識：1. 派系運作最重要的本質是交換關係，包含物質和非物質資源的交換；2. 純粹強調情感或是純粹強調利益，無法掌握派系運作的真正脈動。有時派系領導者與一些成員的互動可能是感情大於利益，而另外一方面，派系領導者與其他一些成員的關係可能是利益大於情感；3. 如果情感是派系運作的核心基礎之一，則派系成員之間的關係會較平等，因為情感的基礎是建基於雙方共同的感受。以上是以地方派系作為分析單位來回顧並分析其運作基礎，而下面主要是運用所謂政治密友主義的理論架構，來解釋民主轉型後的政黨和派系的關係，並分析派系內部的運作。

伍、民主轉型前後國民黨和地方派系的關係

一、民主轉型前國民黨和地方派系的關係

在威權統治時期，國民黨政權因具有外來政權的屬性，所以其統治基礎缺乏正當性。為了解決統治基礎正當性問題，於是開放地方的基層選舉，允許地方派系參與，並吸納和扶植地方派系的人士競逐基層的政治職位（陳明通，1995；Wu, 1987）。這種策略的作用，一方面可將中央政權的力量，透過派系滲透到地方上，另一方面又可以藉由選舉的社會基礎，來解決外來政權的正當性問題。因此，地方派系對於國民黨威權政體在整個台灣的控制和鞏固有相當大的貢獻。國民黨與地方派系的關係維持一個相當微妙的關係。一方面國民黨支持某個派系，另一方面其扶植另一個敵對派系來加以制衡，而形成所謂的雙派系主義（若林正丈，

2004；Bosco, 1994）。具體的作法是在很多縣市都是由一個派系連續出任兩屆八年的縣市長，而其後由另一個派系在擔任下兩屆八年（若林正丈，2004：141）。例如，台中縣紅、黑兩派相互對立但輪流執政（王業立、蔡春木，2004）或屏東張、林兩派輪替執政（程俊，1994）。另外，國民黨提供區域性的聯合獨占經濟，如農會、信用合作社等組織的資源給地方派系以交換選舉支持（陳明通、朱雲漢，1992）。因此，在威權政體時期的國民黨和地方派系的關係是恩寵依侍關係（patron-client relationship），國民黨是恩寵者，而地方派系是依侍者；國民黨讓地方派系參與選舉掌控地方政治權力，而地方派系則進行動員以及凝聚選票支持國民黨（Wu, 1987; Wu, 2003）。恩寵依侍關係的解釋，可以清楚掌握威權統治時期一黨獨大的國民黨與地方派系的結合關係。另外，國民黨為了確保恩寵者的優勢地位，透過特定一些策略來壓制依侍者的坐大。相關的策略有區域化：把地方派系的勢力範圍侷限在地方縣市的層次；分化制衡：如輪流提名不同的派系擔任同一職位或是提名不同派系擔任相互制衡的職位；替代：加速地方派系的替換率、提名黨工參與地方選舉（林佳龍，1998：211-215）。當地方派系的自身政經實力尚未鞏固之時，擁有龐大資源的國民黨，仍可維持對於地方派系輪流提名的操控。但是當派系透過地方政府職位的行政資源控制和分配，而鞏固自身政經實力之後，國民黨會愈來愈無法支配地方派系[16]（王振寰，1996：239）。另外一方面，因為

---

[16] 這個現象也可以從其他個案的研究得到佐證。一項根據雲林縣水林鄉農會的個案研究，關注威權政體轉型前後，派系對於農會的影響，發現民主轉型後地方

執政派系的壟斷，使得未執政的派系（在野派系）較無法取得資源，而尋求相對於國民黨的自主性，如自行脫黨參選或是選擇不支持政黨提名的候選人作為報復。簡言之，民主轉型前，國民黨因握有龐大的政治經濟資源，以及無組織化的政黨與其競爭的情況下，其對於地方派系的控制仍有重要的支配力。

二、民主轉型後國民黨和地方派系的關係

在 1986 年威權政體面臨反對運動的強力挑戰之下，被迫展開自由化的轉型，如允許反對黨組黨、解除戒嚴、釋放政治犯、開放報禁等措施。伴隨著政治自由化而來的是一些程序民主的實施，如 1991 年的國民大會代表選舉、1992 年的立委選舉等。在自由化和程序民主實施的政體轉型過程中，地方派系不僅沒有因為威權體制的鬆動而逐漸的萎縮消失，其影響力反而增加。主要觀察的面向是國民黨在政權自由化之後，雖然想以黨內初選的民主機制來減低地方派系的影響力，但由於實施之後遭受未獲得提名的派系反彈，使其選舉結果得到挫敗，讓反對黨的席位增加；於是在衡量得失的情況之下，以權宜性的作法繼續在一些選區提名地方派系的人士（林佳龍，1994）。

另外，在民主轉型過程中，地方派系出現中央化的現象，亦即傳統鄉鎮或是縣市的地方派系成員可以競逐中央的職位。例如，國民黨鼓勵地方派系參與中央的國民大會選舉

政治生態逐漸轉變成派系決定，以及派系的自主性空間大為增強的情形（趙永茂、黃瓊文，2000）。

（Wang, 1994）。其次，根據一項研究指出，1992年立法委員選舉中，具有地方派系背景的國民黨候選人占所有國民黨候選人78.3%，以及地方派系候選人當選的比例相當地高，占全部候選人的54%（黃德福，1994）。國民黨仍與地方派系維持緊密不可分的依侍關係（黃德福，1994：81）。再者，根據一項跨越民主轉型前後的七次立委選舉的總體研究發現，民主轉型之後，地方派系與國民黨的關係，呈現深化國民黨但選舉效率衰退的現象；亦即一方面國民黨提名地方派系人士的比例很高（深化），而另一方面派系人士當選比例（效率）有衰退的趨勢（徐永明、陳鴻章，2004）。用派系當選比例衰退的結果，來界定派系的選舉動員能力降低的解釋，可能會面臨到一些限制。首先，必須注意有些派系提名的候選人雖沒有當選，但其選票動員的能力仍不可忽視。其次，在其他政黨（如民主進步黨）競爭的情況之下，當選比例勢必下降。不管如何，國民黨在民主轉型之後，依賴地方派系的程度仍甚深[17]。

地方派系因為過去威權政黨的恩寵資源的分配而慢慢的壯大，其本身不僅擁有地方經濟的實力（農會、信用合作社等），而且也掌握了政黨所需要的政治實力（如選票的動員支持）。這些使過去恩寵依侍理論之適用出現了侷限性，無法完整解釋民主轉型後台灣地方派系的運作（王業立，

---

[17] 然而，在特定的縣市，如屏東縣地方派系的影響已經不如從前。根據一個深度訪談的研究認為，屏東縣的地方派系幾乎已經瓦解殆盡，相關的討論請參閱王金壽（2004）。另外，王金壽（2007）認為，台灣立委選舉所使用的單記不可讓渡的投票法，造成地方派系內部的選舉競爭，因而導致地方派系的瓦解。然而，民主轉型後有一些縣市的地方派系的確出現瓦解的現象，但是仍有一些縣市之地方派系的影響力仍然相當大，如台中縣、彰化縣、嘉義縣、雲林縣等。

1998）。其次，一些研究派系的學者也觀察到這個現象，認為地方派系，因擁有國民黨所提供的地方政經資源而具有自主性，而且這種自主性，相對地也增加地方派系與國民黨的討價還價的能力，甚至是出現了矛盾的關係，不過這種內在的矛盾，不會破壞既有的關係（丁仁方，1999）。這種觀點認為國民黨和地方派系的關係是所謂的半依恃的關係[18]（semi-clientelism）。在面臨反對黨（民主進步黨）的挑戰之下，國民黨仍然需要地方派系去動員選票，以及避免嚴重違反地方派系利益的政策（Wang, 1994: 200）。特別是當地方派系掌握關鍵的選票時（足以影響當選的部分選票），會增加其與國民黨談判的籌碼。

然而，當地方派系同時掌握政治動員的基礎和自主性的經濟資源時，其與國民黨原本的依恃關係或半依恃關係，會逐漸瓦解，進而轉變成平等結盟的密友主義關係[19]。如前所論述，密友主義所強調是既合作且競爭的關係，且可以區分成穩固的密友主義關係和脆弱的密友主義關係。對於一些地方派系來說，國民黨需要它們的支持比它們需要國民黨的奧援還多。當然，國民黨在台灣歷經民主轉型之後，仍掌握優

---

[18] Fox（1994）認為所謂的半恩寵依恃的關係，與威權的恩寵依恃關係之不同在於：威權的恩寵依恃關係是結合物質的誘因和強制的威脅，而半恩寵依恃關係是利用威脅去撤銷物質的誘因的方法，而非以強制的威脅來吸納選民的選舉支持。

[19] 與密友主義類似的觀點是吳芳銘（1995）提出的擬似水平二元聯盟的關係。吳芳銘以擬似水平的二元聯盟的關係，來解釋地方派系在民主轉型後，與國民黨的關係。吳以其訪談資料作為證據，例如「現在國民黨在地方哪有什麼力量？都是聽地方派系的，黨要提名就先叫派系事先協調好，黨再提名，過去是顛倒，派系只能爭取提出，這說明國民黨靠派系吃飯。」（訪談編號－DNBH）（吳芳銘，1995：110）。密友主義和水平二元聯盟的關係之差別在於，密友主義建立不同政治結盟的次類型，以及其較能解釋派系運作的動態變化和發展。

勢的政經資源,可以繼續維持其過去恩寵依侍的關係中的恩寵者角色。但對於地方派系來說,國民黨需要地方派系的選舉動員來維繫其政權的正當性,而派系又有自己的區域性聯合獨占經濟如農會、信用合作社等經濟基礎來提供金援。甚至,地方派系與財團結合成政治企業體,以所謂的地方派系財團化或是財團地方派系化的形式出現,進而操控地方政經勢力(吳芳銘,1995;陳東升,1995;趙永茂,1989);或地方派系藉由掌握地方行政權力,來汲取土地開發的經濟利益,以作為政治運作的籌碼(周素卿、陳東升,1998)。亦即,地方派系因其經濟資源的累積,再加上原本的選舉動員能力,而改變其與國民黨結盟關係的本質。另外,民主轉型過程中,台灣出現兩黨(國民黨和民主進步黨),或是三黨政治(加上親民黨)的衝擊,若干地區的地方派系以不完全依附國民黨,而出現向其他政黨流動的現象,因此地方派系與國民黨的關係,逐漸由依附互惠的關係,轉變成自主互惠的關係(趙永茂,1996)。換個角度來說,反對勢力的壯大,勢將迫使國民黨轉而加強和地方派系的合作關係,而地方派系對國民黨的談判籌碼,也因為反對勢力對國民黨的挑戰而更加提高(林佳龍,1998:194)。簡言之,反對勢力的出現,導致國民黨和地方派系之間的關係出現了質的轉變,派系比以前更能夠與國民黨討價還價[20],甚至是選擇以出走(exit)的方式來表達不滿[21]。

---

[20] 研究台灣的政治學者 Shelley Rigger 生動地比喻民主轉型後,派系和國民黨的關係,她提到:「派系不再是國民黨領袖所掌握的狗尾巴,而是由地方派系來發號施令」(Rigger, 1999: 314)。

[21] 如嘉義縣林派選擇離開國民黨,而加入民主進步黨。

觀察政黨和派系實力的消長變化之重要指標是選舉的結果。以 1997 年縣市長選舉為例，國民黨在台灣省二十一位縣市長的選舉中，只贏得六席，相對地，反對黨（民主進步黨）卻贏得十二席。相較於前一次的 1993 年縣市長選舉，國民黨贏得十三席，而民主進步黨只贏得六席的結果，可以說出現了地方政權的政黨輪替現象。民主轉型後歷屆縣市長選舉結果概況，請參閱表 1。

選擇 1997 年縣市長選舉作為說明派系支持轉變的原因，主要是因為派系的勢力範圍是以縣市為單位，因此縣市長選舉適合作為觀察國民黨與派系間競爭或合作關係的轉變。其次，1997 年時，台灣的民主轉型已歷經一段時日，同時地方選舉的場域中，已經出現有組織的反對黨——民主進步黨來競爭各地方的縣、市長職位，因此適合觀察國民黨和地方派系互動模式的轉變。如果我們假定地方派系，對於縣市長選舉扮演重要的角色，以及國民黨仍然存在優勢資源的話，則這樣的結果很難解釋國民黨縣市長選舉的失敗，很明顯的國民黨和地方派系的關係已經出現本質的轉變。如同政治學者

表 1　民主轉型後歷屆縣市長選舉結果概況

政黨	1993（12屆）席次／得票率	1997（13屆）席次／得票率	2001（14屆）席次／得票率	2005（15屆）席次／得票率
國民黨	13／62%	6／29%	9／43%	14／61%
民主進步黨	6／29%	12／57%	9／43%	6／26%
無黨籍	2／10%	3／14%	2／10%	1／4%
新黨				1／4%
親民黨				1／4%

資料來源：內政部中央選舉委員會（2011）。得票率的部分採取去小數點取整數的方式。

王業立的觀察，1997年縣市長選舉中，許多縣市的地方派系仍然無法協調合作，紛紛推出自己的候選人投入縣市長的選舉，讓國民黨受到派系的牽制，甚至最後讓民主進步黨坐收漁翁之利（王業立，1998：86）。當國民黨無法安撫未獲提名的派系之不滿時，原本的恩寵依侍關係已經出現了轉變。

因此，以1997年的縣市長選舉作為時間的分野，之前國民黨仍與地方派系維持所謂的恩寵依侍關係，之後因為地方派系自身的壯大，與國民黨的關係已經轉變成政治密友的關係，而密友關係的緊密和鬆散依賴地方派系的自主性程度。當地方派系之自主性愈大，與國民黨的關係趨向於競爭關係，當地方派系之自主性越小，與國民黨趨向於合作關係。再者，因為地方派系的政治和經濟的自主性增強，如果國民黨欲與其維持合作的關係時，必須挹注比過去更多的經濟資源才能吸引地方派系。換句話說，國民黨和派系之密友關係的維繫，比過去的恩寵依侍關係需要更多經濟資源的交換。

2000年中央政權輪替，原本的反對黨——民主進步黨掌握政權，使得地方派系與國民黨之間的關係發生根本性的變化。一項研究指出，地方派系與國民黨原本的結盟關係產生解構式的分裂，以及派系選擇與其他政黨如民主進步黨和親民黨進行結盟（趙永茂，2001）。在特定的情況下，當地方派系對於不滿國民黨的提名或是壓制時，其可能會暗中地支持民主進步黨的候選人，或是選擇消極地不支持國民黨的候選人，間接導致民主進步黨提名的候選人贏得勝利。但因民主進步黨的預算統籌，仍受限於地方議會握有多數的反對勢力，因此較無法提供選擇性的誘因給予其關係較好的派系。因之，派系和民主進步黨的關係不是一種恩寵依侍關係，其是一種鬆散密友主義的關係，地方派系策略性地與民主進步黨合作，以表達對於國民黨的不滿，或是讓國民黨在下次的選舉競爭中，極力爭取派系的合作。亦即，派系與民主進步黨的關係是短暫且不穩固，之後可能重新與國民黨合作。為何原本依附國民黨的地方派系要轉而支持民主進步黨？主要的原因是該派系考量自身並無當選縣長的實力，因此與其讓其敵對的派系當選，進而吸納重要的政治經濟資源來壯大派系實力，不如先休養生息或是暗助民主進步黨，以等代下一次的機會。換言之，派系之間彼此的競爭程度有時大於政黨之間的對抗。另外，為何選擇與民主進步黨合作的派系，和其只能維持鬆散的密友主義關係？主要原因是該地方派系並無法依靠民主進步黨而當選縣長，以及民主進步黨也不可能分配重要的政治、經濟資源給地方派系，以避免黨內反彈的聲浪。因之，兩者之間的關係相對而言較為脆弱。以上是分析派系和政黨的關係和互動，下面將密友主義的概念運用在地方派系內部的運作。

陸、地方派系的運作

一、派系的內部結構

　　過去一些台灣地方派系的研究認為，派系的權力結構呈現金字塔型（pyramid），其內部大致上可以分成五個層級[22]。而且在地方派系的金字塔型權力結構中,幹部之間的關係是彼此地位與資源不對等的恩寵依侍關係(陳華昇,1993:23-27)。這種金字塔結構的觀點[23],認為派系是一個高度統合的非正式政治組織,其政治行動具有相當程度的凝聚力。另外,一些派系研究強調從領導者到最底層的樁腳對於派系的忠誠,主要原因是認為派系成員具有道德上的連結,因為他們不能轉換派系而無失去自身的信用(Bosco, 1992)。這些強調高度統合或是忠誠的觀點,無法掌握派系真正的組織運作。在西方派系研究所得出的一些重要的結論是,派系是一個由領導者、一些圍繞其身邊具有高度忠誠的追隨者、其他不完全協同一致行動的成員,所組成之無定型組織的團體(Nicholson, 1972)。亦即派系組織的運作模式不是金字塔結構。派系的領袖必須持續的對抗,不僅是來自敵對派系的挑戰,而且也必須對抗派系成員本身的鬆散行動所導致的派系無法整合的問題(Nicholson, 1972: 298)。另

---

[22] 在地方派系的金字塔型的權力結構中,最上層的是派系領袖或是領袖群,通常他們具有較高公職職位(如中央民意代表、縣長、省議員)以及全縣的知名度;第二層幹部通常在跨越數個鄉鎮的特定區域,具有相當的知名度及支持群眾;第三層幹部通常是在各鄉鎮(市)具有相當知名度,當選縣議員,或是長期擔任鄉鎮(市)公職,或為農會總幹事;第四層幹部通常是在村里中具有良好的人際關係與相當程度的影響力及群眾基礎,如鄉鎮(市)民代表、資深村里長、村里幹事、鄉鎮(市)農會理事、資深會員代表或是農會小組長;第五層幹部是地方派系最深入基層的成員,一般而言包括村里長、鄰長、農會代表小組長等等(陳華昇,1993:23-25)。本章主要是檢驗縣級派系的內部結構,而第二章會從鄉鎮派系的內部結構來驗證金字塔結構的轉型和鬆動。

[23] 一項研究指出,在某些縣的縣級地方派系結構(如屏東縣)已經出現金字塔結構瓦解的現象,如沒有明顯派系領導人去進行派系內部的協調和溝通、縣級派系領導人並沒有得到鄉鎮及派系的認同和支持、鄉鎮級派系在各項選舉中沒有支持同派系候選人(王金壽,2004)。

外,研究派系的學者認為地方派系的組織核心,比地方派系的組織邊陲的連結更為緊密;但即使是地方派系核心的一部分成員也可能會分裂出去,進而與敵對派系進行聯合(Landé, 1965: 6)[24]。因此,派系的結構不是一個高度統合的政治團體,也不會出現完全一致性和協同性的政治行動。這樣的觀點才夠解釋派系所出現的部分成員的流動性,以及派系核心成員相對的穩固性。

另外,一項研究認為,派系的組織結構可以用同心圓的概念來進行說明。派系是一個同心圓的結構,其有派系網絡、樁腳網絡和俗民網絡等三個層級所組成(陳介玄,1997)。或是認為派系是建立在幾個同心圓相互交織和重疊之複數同心圓網絡結構上(劉佩怡,2002)。同心圓[25]的概念,相較於金字塔型組織的差異,在於同心圓的觀點強調派系領導者和派系樁腳之關係的遠近區隔,以及同心圓的觀點較強調平等關係的連結,其較能掌握實際地方派系的結構和運作。然而,同心圓的論點無法解釋為何一些樁腳會出現流動,以及一些樁腳會較忠誠。政治密友主義的分析架構可以補充及解釋其不足。

運用同心圓的架構,地方派系基本上可以分為四個

---

[24] 此一觀點為政治學者 Carl Landé 觀察菲律賓的地方派系所得出的結論,相關的討論請參閱 Landé(1965)。菲律賓地方派系和台灣的地方派系,兩者的不同之處在於其主要是以親屬關係為連結的機制,而台灣的地方派系的連結機制較為多元。

[25] 同心圓的概念類似於中國當代著名的社會學者費孝通所提出的差序格局的概念,他認為所謂的差序格局是一個「一根根私人聯繫所構成的網絡」(1993:30);以己為中心,像石子一般投入水中,和別人所聯繫成的社會關係,不像團體中的分子一般大家立在一個平面上的,而是像水的波紋一般,一圈圈推出去,愈推愈遠,也愈推愈薄(1993:26)。

小同心圓:第一個同心圓中,地方派系領導者為最核心,這裡不一定指涉單一的派系領導者,有時派系會出現二元領導的情況。當派系出現二元領導的模式時,可能會出現派系分裂的現象。以密友主義的架構來說,有些派系領導者之間的關係是鬆散的密友關係,其結合是以利益為主的工具性友誼。從派系分裂出去的政治領袖,因為其自身有一群緊密關係的樁腳,這些會跟隨他們移轉到另外一個派系。這樣才能解釋一些重要派系成員的移轉或是所謂的「叛逃」。再來的一層,是與派系領袖關係緊密的樁腳。這一層不論派系領導者是否掌握重要的政治職位,較不會出現背叛或是脫離派系運作的情況,因為他們與領導者的關係較為穩固。如 James C. Scott 所言,「派系中存在一群人,基本上他們的忠誠較不依賴持續的物質利益的流動,因為他們的忠誠部分是根基於非物質利益的交換」(Scott, 1972: 130)。而較外的一層是關係較鬆散的樁腳。這一層的樁腳流動性較大,其中部分的樁腳也可能是因為派系掌握政治經濟資源之後,從敵對派系投靠過來的。從正向的角度來看,這些樁腳似乎有其自主性(autonomy)。但是實際上,他們可能是所謂機會主義者,因為利益或是恩惠,選擇與掌握政權的派系結合。最外一層是俗民網絡。由基層樁腳透過平常所建立的社會關係與俗民網絡建立連結。樁腳和選民之間的關係不只存在情感,同時也涉及利益交換[26]。

---

[26] 類似的經驗現象在美國地方政治機器的研究可以得到呼應。一項研究指出,代理人(agent)和選民之間的情感交換,也存在著一個決定性的物質基礎;選民視政治機器中的代理人為朋友,並不是因為這些人和他們一起做一些事,而是這些代理人可以為他們做一些事;關係通常根基於相互的汲取(Grimshaw, 1992: 8)。

以下就筆者訪談的資料[27]進行相關的分析和驗證。主要是從派系領導者和核心成員的關係與樁腳的類型來看。

首先，派系領導者和核心成員的關係是屬於較平等的關係。一位派系領導者提到，他和樁腳的關係是屬於夥伴的關係。

> 我白天擔任縣長，與縣府的幹部是上下的關係，而在晚上與派系樁腳則是夥伴關係。我會將兩者分際開來（受訪者A1）。

過去的派系研究一直認為派系領導者和次級領導者，或是樁腳的關係是上下的關係，其可能混淆行政職位的正式關係和派系內部的非正式關係，事實上派系領導者和樁腳的關係是屬於較平等的夥伴關係。另外，一位負責組織運作的派系重要成員談到派系領導者與成員的關係：

> 就成員相處的情形來說，系統指揮上是由縣長（林派領導者）在指揮，但在私底下互動是非常親近的，是有革命情感的，那是歷經多場選戰過後的戰鬥情感，大家都彼此相挺扶持，「長仔」（縣長）平常跟人相處也不會有架子，只有在場合需要的時候才會有分際，像是主持縣政會議、主管會報時就

---

[27] 本文的經驗資料，主要是針對嘉義縣林派和黃派的派系訪談所收集得來。嘉義縣地方派系的確立，來自於第六屆縣長黃老達和第六屆議長林振榮之間的政治鬥爭（蘇錦章，2001：24）。爾後，以其兩人的姓作為派系的名稱，一直沿用到現在。亦即，嘉義縣的地方派系有黃林兩派之分。

是縣長身分,在議會裡就該接受質詢,但回到公館或是私下場合就像自家人(受訪者 A2)[28]。

所謂的革命情感或戰鬥情感,可以說明派系領袖與核心成員穩固的密友關係,以及領導者和核心成員間是較平等的關係。當然,如先前所提到,當兩者之間的關係是縣長和鄉鎮長的關係時,則其是上下不平等關係。但是在派系的平常運作上,領導者和樁腳的關係會較平等。其次,派系核心成員與領導者的關係是經由交換而來。一位派系的次級成員(時任鄉鎮長)也談到其與派系領袖建立關係的最初過程:

原先我並不認識林派領導人,而那時因為我先生的堂兄的事情,曾經拜託過李雅景(黃派的領導者),結果事情沒有下文。後來姑且一試的情況下,想說嘗試央請林派的領導人(省議員陳明文)看看,那次我們除了陳情書外,並無準備其他東西,到了他家陳夫人還留我們吃晚餐邊吃邊等省議員回來,後來他答應幫忙,兩個月後事情也確實解決了,自始自終都是無條件幫忙,從那次之後我對林派領導人的觀點改變了,也因此願意不計成本地為他效力。在更早之前,我曾經受過黃派領導人照顧,我們都是李氏宗親會,他對我以小妹相稱,大家感情還算是不錯(受訪者 A3)。

---

[28] 這位受訪者實際負責嘉義縣林派的組織動員,對於派系的內部運作相當的熟悉。

在這位核心成員的訪談內容中,我們可以解讀出,派系重要的運作機制是建立於恩惠的交換,以及這個交換不一定會涉及利益的對應關係,其可能是建立於未來回報的希望因素之上。其次,交換關係所建立的情誼,有時甚至會超過所謂親屬關係(同屬於一個宗親會)的連結。這與我們先前的論點——交換關係可能凌駕親屬關係相互呼應。再者,這位受訪者也談到,「我和派系領導人的關係,就像是兄弟姊妹的手足關係」(受訪者 A3)。這些論點可以支持派系領導者和次級成員間是屬於政治的密友關係[29]。另外,一位派系的次級領導者(目前擔任鄉長)提到,當派系領導者實際參與選舉時,我會支持他並幫他動員,但是在其他的選舉如縣議員選舉時,我們就可能支持不同的縣議員候選人(受訪者 A7)。亦即,派系的次級領導者也不完全聽命於派系領導者,在其他的場合中,他們有自己的支持對象。這說明了次級領導者的政治自主性,以及派系領導者權力運作的侷限性。

　　一位黃派的次級領導者(嘉義縣某鄉鎮的鄉代會主席)提到,他與黃派領導者的關係,基本上是屬於比較平等的關係;主要的原因是他自己選舉的經營,不太需要派系領導者的幫忙;選區中的派系選民與派系領導者的連結是間接的關係,選舉動員主要還是依賴我平時與選民或樁腳的經營和互動;黃派領導者在縣長選舉時,我們這一鄉的動員主要交由同屬黃派的鄉長來進行操盤,基本上會呼籲我的樁腳和選民支持派系領導者,但是動員的程度不如我自己在選舉時那樣

---

[29] 派系領導者提到,派系是非正式的組織,但是其組織卻是最嚴密的;派系以人為中心,用感情作結合(受訪者 A1)。

大（受訪者 A8）。從這位黃派的次級領導者的受訪內容，可以觀察到派系核心內部的一些重要現象。派系次級領導者與派系領導者的關係，不是上下的恩寵依侍關係，其是比較平行的交換或互動的關係。同時，在縣長選舉時，派系在每個鄉鎮的動員效果會出現差異的情形，取決於派系次級領導者是否願意進行積極的動員。鄉鎮的派系樁腳和選民與派系次級領導者的關係是直接的連結，而與派系領導者的關係是間接的連結。因為一些次級領導者的動員和支持基礎都是自己所建立的，其在派系運作中比較有自主性。以政治密友的概念來看，這種次級領導者和領導者的關係是屬於比較鬆散的政治密友關係。從選票的結果也可以驗證我們的說法。從這個鄉在 2009 年三合一選舉的結果看出，隸屬黃派的鄉長之得票比黃派領導人，也是縣長候選人在同一鄉的選票，多了三千七百多張選票，甚至林派的縣長候選人，還比黃派的縣長候選人多出兩千五百張選票；派系領導人在我們鄉的選票主要是靠樁腳動員，其動員程度，不如鄉長的動員，因此才會出現選票差距（受訪者 A8）。理論上來說，黃派主政的鄉鎮，其派系實力應該大於林派，但弔詭的是林派在縣長選舉時，在黃派主政的這個鄉鎮竟贏得相對的多數。有關黃派的鄉鎮市長和縣長選舉得票的差距，也可以在另一個鄉的選舉結果找到例證。一位黃派的次級領導者（嘉義縣另一鄉鎮的前鄉代會主席）也提到同鄉的鄉長，雖與派系領導人同屬黃派，在黃派現任領導者參選縣長時，還必須要勞動派系的老掌門人前縣長李雅景出來，才答應支持；同時其主要的心力放在自己的鄉長選舉，替同屬派系的縣長候選人動員的行動就較不積極，兩者所開出的選票有相當程度的差距；以最近一次縣市長及鄉鎮市長選舉為例，嘉義縣一位隸屬黃派鄉長當選所獲得票數，與該鄉黃派縣長候選人獲得的選票，差距相當大，約六千多張選票[30]（受訪者 A9）。

另外一方面，派系領導者也需要次級領導者的協助，以使其行政工作得以順利推動。一位受訪者談到：「縣長（林派領導人）會拜託我去拉一些黃派的議員來支持縣政；我利用我的議員身分來與黃派的同事接觸，時間一久，有一些黃派的議員也會支持縣政府推動的一些法案」（受訪者 A3）。這段話說明有時領導者本身也需要次級領導者的幫忙，透過議員的情誼，來拉攏一些敵對派系的議員，來支持縣政府的提案或是預算。亦即，派系領導者與次級領導者不是存在著上下支配的關係。有時派系領導者需要次級領導者，更甚於次級領導者需要派系領導者。持平而言，誠如西方派系研究者所言，派系領導者尋求權力和威望，而追隨者尋求保護和餽贈；為了達成這個目的，領導者需要追隨者，而追隨者也需要領導者；這是一個共生的關係（a symbiotic relationship）（Landé, 1965: 145）。另外，一位派系領導者談到，派系組織有所謂的中常會，由派系的大老開會來決定重要的事項（受訪者 A1）。同樣地，一位派系中負責組織的成員也提到，派系的重要決定是由派系領導人和派系的一些大老們一起商量出來的結果；如林派的縣長與一些資深的派系大老作夥在縣

---

[30] 本文作者在此處避免使用兩個候選人選票結果的確切數字，主要原因是這個部分的訪談內容具有一些敏感性，利用選票差距的數字已經足以說明本文的論點。

長公館開會（受訪者A5）。當派系領導者必須參考派系的一些大老的意見作為決策的依據時，整個派系的運作，就不是所謂的金字塔結構，或是派系領袖的威權領導。

在過去對於網絡的研究中指出，在抽象層次上，社會網絡可以被視為連結分散點的一些線；點是個人，而線是社會關係；每個人可以被視為是一個中心人物，經由線擴散到點，其中有一些點會彼此連結；這些點（其他的人）構成其第一序列或是最主要的網絡區域；在這些人之中，一個人會與其他人連結，那些其他人可能是原本的中心人物所不認識的，但是他可以經由第一序列中的成員來進行聯繫，這些被聯繫的人稱為朋友的朋友（friends-of-friends），或是稱為第二序列的網絡區域（Boissevain, 1974: 24）。將網絡的概念運用到派系這個組織上，可以清楚地理解派系內部所建立的連結。派系領導者如同中心人物，而次級領導者則被看成另一個中心人物。領導者和次級領導者本身都有自己的社會網絡。在各自的網絡中，可能會出現一群同時與領導者，或是次級領導者有直接或間接連結的樁腳，但另外一方面，次級領導者也會存在一些只與其建立直接關連，而與領導者無任何連結的樁腳。通常這些直接連結的樁腳所要求的恩惠或是交換，是屬於次級領導者本身可以提供或是達成的，或是因為次級領導者的奔走和連繫，直接向領導者爭取來的。不管是哪一種方式，這些請託的樁腳會覺得欠這些次級領導者人情，而在選舉時或是次級領導者有需要的時候，透過為其動員或是投票支持，來回報人情。換言之，次級領導者和其樁腳所建立的關係是直接的連結，而另外一方面，與次級領導者連結的一些樁腳，與領導者沒有任何的聯繫或是接觸。雖然派系次級領導者之政治職位和資源不如領導者多，但是因其擁有自己的動員網絡和選票實力，會使其和派系領導者之間的關係較為平等，因為派系領導者無法完全掌握次級領導者所有的樁腳網絡資訊，而且其需要次級領導者的支持以及動員其樁腳來支持。再者，次級領導者在擔任特定的行政職位，或是握有政治權力時，便可以利用自身的政治資源來進行恩惠的交換和幫助。換言之，其可以建立自己的網絡，有時不一定需要更高層的領導者提供資源或是恩惠，來進行交換。

其次，一位受訪者談到，樁腳的動員特質主要是看交情，看平常的互動情形，樁腳的熱心程度與交情很有關係，如果是有親友關係那效果更好；所以平常時就有在維繫關係的效果最好，但平常時若是很少走動，選舉才要向人家拜託，那種效果比較差；或是這些樁腳平常跟我們也缺乏互動，但選舉一到，便主動跟我們示好、套交情的，這種就要小心、風險會比較大，可能是來探風聲或有所要求的，這類樁腳的忠誠度會比較低，屬於游離分子、投機分子（受訪者 A4）。因此，樁腳約略可以分成兩類型。一種是為忠誠度較高的樁腳，其動員的程度需看領導者平常的經營，另外一種是忠誠度較低的樁腳，其自主性高，但實際上是機會主義者。其與領導者或是次級領導者的關係是建基於短期的利益交換，屬於脆弱的密友主義關係。其次，派系對於樁腳的選定有一定的程序。基本上，一個人是否能擔任樁腳，必須經歷很多次的選舉考驗，看其動員選票的成效；同時樁腳平常必須積極建立人情，才能動員出特定的一群人支持（受訪者 A5）。

二、地方派系間的競爭關係和實力消長

對於掌握地方政治權力的派系來說,如何維繫政治權力(例如派系領導人繼續連任縣長)的目標勝過一切。因此,為了繼續執政的目標,會接納一些敵對派系外圍的樁腳。領導者和這些樁腳也會建立一些較為鬆散或是短期的密友關係。因此,如果個別派系是一個圓的話,兩個派系的圓在地方政治的場域中,會有一些重疊的部分。當然這不是指這些人具有雙重身分,而是這些樁腳可能在不同的時期進行派系之間的流動。換句話說,在時間的發展軌跡上,有時派系自身的實力會膨脹,有時派系的實力會萎縮。之所以膨脹的原因在於原本敵對派系外圍樁腳的加入,而萎縮的原因是因為那一群樁腳的離開。但是不管派系如何地萎縮,還是會有一群樁腳會忠誠的支持派系領導者。如一位嘉義縣地方派系的重要成員談到,派系間的競爭關係和消長變化:

> 當派系掌握地方的政治權力時(縣級的行政權),派系的實力會因擁有資源分配權力而擴張,但其通常只會擴充到約略超過百分之五十,因為這是派系領袖尋求連任所需的比例。派系無意去擴充自己的資源到足以消滅其他派系。事實上這也不可能。當派系無掌握地方政權時,派系的政治實力會萎縮到只剩下百分之三十的政治實力。這百分之三十的派系成員屬於派系領袖的忠實盟友,不會因為權力的消長而有所移轉。通常會改變的是屬於百分之二十忠誠度低的派系成員,這些人可能會因為利益或職位的分配轉而支持另一派系(受訪者 A6)。

當地方派系領袖無掌握地方政治經濟資源時，一些派系的樁腳和幹部並不會因此而離開或是支持其他派系。個人忠誠可以解釋這些核心的次級幹部，為何能夠在派系未掌權的情況下，仍持續支持派系領袖。一位學者談到，個人的忠誠可以幫助去維持聯盟，甚至當一個盟友對於另一個盟友已經失去他的能力去回饋，另一個盟友會因個人的忠誠而繼續支持，甚至去犧牲與一個潛在更有用的夥伴一個新的聯盟之機會（Landé, 1977）。因此，以比喻的說法來形容，派系好像是一個變形蟲組織，有時膨脹，有時萎縮，端看其掌握的資源（養分）。其次，其他的學者也談到派系組織的流動性。對於一個派系次級的領導者而言，其責任是負責自己追隨者的政治恩寵；但是有時這責任會與他所追隨的領導者（追求另一組領導者的利益）之忠誠產生矛盾，這產生出一種低層的領導者可能會為了確保給下面追隨者較大的回報，而背叛整體的派系利益的傾向（Nathan, 1973）。另外，不同的派系在維持目前成員的忠誠和增補新的成員間，存在著強大的競爭（Gallin, 1968: 391）。這些觀點不僅可以說明派系間競爭的消長變化，同時可以解釋為何實力弱化的派系會選擇支持其他的政黨。

　　為何所謂在野的派系，即使其無縣級行政資源的情況下，還是不會完全消失在地方政治舞台的主要原因有三：第一、派系會利用人和人之間的衝突和矛盾來吸收成員。負責派系組織的成員談到，兩個人在特定的地方社會中，彼此存在著衝突的情況下，當有一方加入敵對派系，則其派系會吸收另外一個人加入（受訪者 A5）。派系運用兩個人之間衝突的矛盾,將所謂敵人的敵人,轉變成為自己的朋友;第二、執政派系在分配資源的過程中,還是有一些人會因為分配不均或是沒有分配到資源而反彈,這些人便成為在野派系吸收的對象(受訪者A5)。在資源有限的情況下,執政的派系也無法照顧到自己內部的每一個派系成員。而且,因為執政的關係,想要分一杯羹的成員眾多,很難完全擺平;第三、雖然在野派系目前無掌握行政資源,但是當其未來贏得政治權力時,這些派系的現存成員會成為優先分配的對象。一位負責組織的派系成員有趣的比喻:無執政的林派就好像一台空車,現在進來坐,位子還很多,不像黃派那台車,位子攏坐不夠(受訪者A6)。亦即,在野派系會以分配的比例大小和提供未來希望因素,來吸納一些執政派系的邊緣成員加入在野派系。這些因素的影響,會使得在野派系不會完全的消失。然而,當在野派系無任何領導者來維繫派系的運作時,其還是很可能會出現派亡人息的現象。

三、派系的領導繼承

在台灣的地方派系中,派系領導人一般都是由具有公職身分的人來擔任。如先前嘉義縣黃派的領導人是由縣長李雅景擔任,目前由立委翁重鈞擔任。先前嘉義縣林派是由陳明文省議員擔任掌門人,而陳明文為嘉義縣縣長。公職身分的取得是經由選舉產生。以縣長為例,只能擔任兩任,立委則無限制。派系的領導繼承通常會發生於,當領導人本身的任期屆滿,如已擔任縣長兩任,無其他的公職身分時,這時派系領導人可能會選擇交棒,以延續派系的經營。派系通常是由原本的領導人來選擇新的領導人,且由派系的大老來認可,如嘉義縣林派的領導繼承是由之前的掌門人蔡陳翠蓮(台灣省議會第四、五、六、七屆省議員)選擇,當時同為省議員的陳明文作為領導人(受訪者 A5)。然而,派系的領導繼承不能透過所謂領導者指定誰接班的方式來進行,主要還是看新的領導者本身的聲望和條件是不是足以擔當重任(受訪者 A1)。一項研究提到,派系成員的多寡,主要還是依賴派系領導者的增補(Nicholas, 2004: 28)。因此,原本領導者與其派系成員所建立的關係,不一定能夠完全轉移到新的領導者。一位受訪者談到,黃派領導者李雅景擔任兩任縣長,但是黃派繼承人翁重鈞不一定能完全接收其所有的樁腳(受訪者 A6)。從縣長選舉結果可以看出一些端倪,第十三屆縣長選舉,黃派領導人李雅景獲得 136,161 張票,第十四屆縣長選舉,黃派領導人翁重鈞獲得 116,908 張票。當然,影響選舉結果的因素很多,不能以此來論斷兩者之間的實力差距。持平而言,黃派聲勢在領導人李雅景擔任兩任縣長時,如日中天,但是派系經歷領導繼承之後,不一定能像過去一樣維持既有的實力。這凸顯派系組織運作的特殊之處,如依靠派系領導者個人密友關係的經營,以及派系組織發展的不穩定性。

柒、結論

在台灣的政治、社會學界中,有關地方派系的研究,可以說累積了相當多的研究知識和成果,幾乎有地方派系存在的縣市都有相關的學者投入研究。這種類型的研究起源,除了凸顯對於本土的政治、社會的關懷之外，另外，相對地，研究者在經驗實證資料的取得上也較為容易。然而，不管是個案研究或是比較分析，派系研究所面臨的困境，在於研究者對於經驗資料之故事張力的組織和整理，往往勝過於理論和經驗資料的對話，或是很難建立適用於不同地方派系的一般化推論或是通則。如何將豐富的經驗資料，轉化成有理論意涵的論證，是派系研究者在進行田野調查或是分析解釋時所需牢記的重要課題。本文透過對於理論視野和經驗資料的對話，有以下幾個別於傳統地方派系研究的發現。第一、地方派系的組織運作並非是金字塔的模式，如派系的領導者不是依循威權領導模式，其形成重要決定時，必須與派系的大老共同商量；第二、派系和派系的一部分成員身分會產生流動，主要是取決於派系是否掌握執政的資源。第三、執政的派系不可能贏者全拿，以及非執政的派系會漸漸萎縮，但不會完全消失。第四、派系的領導繼承對於組織的大小會產生影響。綜觀之，領導權力模式、派系成員身分流動、資源與派系的成長及組織的大小等因素，可以證明民主轉型後的派系，不再是像過去以金字塔的結構在進行動員，而其是以密友主義的方式在進行運作。

過去的地方派系研究的兩個主要的理論支點，是恩寵依侍理論和社會關係理論。恩寵依侍理論強調，上下不平等的交換關係維繫政黨和派系的關係或派系內部的運作，而社會關係理論則著重人際關係網絡，解釋派系的社會、文化基礎。這兩個理論傳統較少出現對話或是進行整合的可能性。本文的主要目的是提出一個替代性的分析架構，以期補充上述兩個研究傳統的不足。從政治密友主義來理解派系有幾個重要的意涵：第一、用不同的密友主義的類型來解釋派系的動態變化。如穩固的密友主義關係，解釋派系內部較為忠誠的成員，以及用鬆散的密友主義關係來解釋派系中較容易流動的成員；第二、密友主義的二人結盟可能在社會、經濟方面是不平等的，但是其結盟關係之政治地位是較為平等的。也就是說，在政治層面，密友主義的結盟關係是較平等的，彼此（領導者和樁腳）都有對方需要的資源；第三、密友關係存在著交換關係，但其是一種相互影響的交換關係，而不是上下支配的交換關係；第四、政治的密友主義，不僅可以運用在派系內部運作結構的解釋上，也可以同時被運用到派系與政黨的關係，以及派系競爭的消長關係。

透過政治密友主義的詮釋，我們可以理出幾個派系運作重要的特徵：第一、派系最重要的本質是交換關係，包含物質和非物質的交換；第二、純粹強調情感或是利益無法掌握派系真正的脈動。有時派系領導者與一些成員的互動可能是感情大於利益，而另外一方面，派系領導者與另外一些成員的關係可能是利益大於情感；第三、如果情感是派系運作的核心基礎之一，則派系成員之間的關係會較平等，因為情感的基礎是建基於雙方共同的感受。最後，本文的目的是希望提出一個新的架構來解釋台灣民主轉型後的地方派系，嘗試以理論的視野與經驗資料進行對話，並深切期望這個新的研究架構所解決的問題，比其所可能產生的問題還要多。

附錄：受訪者的編碼和職位

A1：派系領導人物，擔任縣長，林派成員

A2：擔任縣府秘書，負責派系內部的組織事務，林派成員

A3：擔任鎮長，林派成員

A4：擔任縣府顧問，前縣議員，林派成員

A5：前任縣議員，現任省諮議員，林派成員

A6：擔任縣政府一級主管，林派成員

A7：擔任鄉長，黃派的次級領導者

A8：擔任鄉代會主席，黃派的次級領導者

A9：前鄉代會主席，黃派的次級領導者

參考書目

丁仁方，1999，〈統合化、半侍從結構、與台灣地方派系的轉型〉，《政治科學論叢》，10，頁 59-82。

內政部中央選舉委員會，2011，選舉資料庫網站。資料引自 http://117.56.211.222/，2011 年 5 月 14 日。

王明輝，1994，〈從台灣地方選舉現象談台灣民間社會〉，《思與言》，32：4，頁 171-195。

王金壽，2004，〈瓦解中的地方派系：以屏東為例〉，《台灣社會學》，7，頁 177-207。

王金壽，2007，〈政治市場開放與地方派系的瓦解〉，《選舉研究》，14：2，頁 25-51。

王振寰，1996，《誰統治台灣？轉型中的國家機器與權力結構》。台北：巨流圖書。

王振寰、沈國屏、黃新高，1994，〈誰統治地方社會：高雄縣個案研究〉，發表於地方社會與地方政治專題研討會。台中：東海大學社會研究所。

王業立，1998，〈選舉、民主化與地方派系〉，《選舉研究》，5：1，頁 77-94。

王業立、蔡春木，2004，〈從對立到共治：台中縣地方派系之轉變〉，《政治科學論叢》，21，頁 189-216。

王輝煌、黃懷德，2001，〈經濟安全、家族、派系與國家：由制度論看地方派系的政治經濟基礎〉。徐永明、黃紀編，《政治分析的層次》，頁 117-207。台北：韋伯文化事業。

吳芳銘，1995，〈地方派系的結盟和分化變遷之研究：以嘉義縣和高雄縣為例〉。嘉義：國立中正大學政治學研究所碩士論文。

吳重禮，2002，〈台灣地區「派系政治」研究文獻的爭議：美國「機器政治」分析途徑的啟示〉，《政治科學論叢》，17，頁 81-106。

周素卿、陳東升，1998，〈基層選舉下的地方政治與經濟利益——以房地產開發為例〉。陳明通、鄭永年編，《兩岸基層選舉與政治社會變遷》，頁 71-126。台北：月旦。

林佳龍，1994，〈外來政權、反對運動與地方派系的選舉互動：論國民黨提名政策的演變與台灣的民主化〉，發表於台灣政治學會第一屆「邁向台灣政治學」學術研討會。台北：台灣政治學會。

林佳龍，1998，〈地方選舉與國民黨政權的市場化：從威權鞏固到民主轉型（1946-1994）〉。陳明通、鄭永年編，《兩岸基層選舉與政治社會變遷》，頁 169-260。台北：月旦。

苗蕙敏，1991，〈台灣地區地方選舉中派系所扮演的角色及其影響：七十八年屏東縣縣長選舉個案分析〉。台北：國立政治大學三民主義研究所碩士論文。

若林正丈，2004，《台灣：分裂國家與民主化》。台北：新自然主義。

徐永明、陳鴻章，2004，〈地方派系與國民黨：衰退還是深化〉，《台灣社會學》，8，頁 193-228。

涂一卿，1994，《台灣地方派系的社會基礎：以嘉義縣地方派系為例》。台中：東海大學社會學博士論文。

翁崇明，1999，〈台灣地方派系之初探——以嘉義縣為例〉，《地理教育》，24，頁 83-96。

高永光，2001，〈「城鄉差距」與「地方派系影響力」之研究——1998年台北縣縣議員與鄉鎮市長選舉的個案分析〉，《選舉研究》，7：1，頁53-85。

陳介玄，1997，〈派系網絡、椿腳網絡及俗民網絡：論台灣地方派系形成的社會意義〉。東海大學東亞社會經濟研究中心編，《地方社會》，頁31-67。台北：聯經。

陳明通，1995，《派系政治與台灣政治變遷》。台北：新自然主義。

陳明通、朱雲漢，1992，〈區域性聯合獨占經濟、地方派系與省議員選舉：一項省議員候選人背景資料的分析〉，《國家科學委員會研究彙刊：人文及社會科學》，2：1，頁77-99。

陳東升，1995，《金權城市：地方派系、財團與台北都會區發展的社會學分析》。台北：巨流圖書。

陳華昇，1993，《威權轉型期地方派系與選舉的關係——台中縣地方派系的分析》。台北：國立臺灣大學政治學研究所碩士論文。

陳陽德，1987，《轉變中的台灣地方政治》。台北：洞察出版社。

程俊，1994，〈台灣地方派系與政黨聯盟關係之研究：屏東縣個案分析〉。台北：東吳大學政治學研究所碩士論文。

費孝通，1993，《鄉土中國與鄉土重建》。台北：風雲時代出版社。

黃光國，2009，《儒家關係主義：哲學反思、理論建構與實徵研究》。台北：心理。

黃德福，1994，〈現代化、選舉競爭與地方派系：一九九二年立法委員選舉的分析〉，《選舉研究》，1，頁75-91。

趙永茂，1978，《台灣地方派系與地方建設之關係》。高雄：德馨室。

趙永茂，1989，〈地方派系與選舉之關係：一個概念架構的分析〉，《中山社會科學季刊》，4：3，頁58-70。

趙永茂，1996，〈台灣地方派系的發展與政治民主化的關係〉，《政治科學論叢》，7，頁 39-56。

趙永茂，2001，〈新政黨政治形勢對台灣地方派系政治的衝擊——彰化縣與高雄縣個案及一般變動趨勢分析〉，《政治科學論叢》，14，頁 153-182。

趙永茂，2004，〈地方派系依恃結構的演變與特質——高雄縣內門鄉的個案分析〉，《台灣民主季刊》，1：1，頁 85-117。

趙永茂、黃瓊文，2000，〈台灣威權體制轉型前後農會派系特質變遷之研究——雲林縣水林鄉農會一九七○及一九九○年代為例之比較分析〉，《政治科學論叢》，13，頁 165-200。

劉佩怡，2002，〈台灣發展經驗中的國家、地方派系、信用合作社的三角結構分析〉。台北：國立政治大學中山人文社會科學博士論文。

蘇錦章，2001，《諸羅春秋》。台北：聯經。

Boissevain, Jeremy. 1974. *Friends of Friends: Networks, Manipulators and Coalition*. Oxford, UK: Basil Blackwell.

Bosco, Joseph. 1992. "Taiwan Factions: Guanxi, Patronage, and the State in Local Politics," *Ethnology*, 31(2): 157-183.

Bosco, Joseph. 1994. "Faction Versus Ideology: Mobilization Strategies in Taiwan's Elections," *The China Quarterly*, 137, 28-62.

Bujra, Janet. 1973. "The Dynamics of Political Action: A New Look at Factionalism," *American Anthropologist*, 75(1): 132-152.

Cheng, Tun-jen and Chou, Tein-cheng 2000. "Informal Politics in Taiwan," In Lowell Dittmer, Haruhiro Fukui, and Peter N. S. Lee. eds., *Informal Politics in East Asia*: 42-65. New York: Cambridge University Press.

Eisenstadt, S. N. and Roniger, Louis. 1984. *Patrons, Clients and Friends: Interpersonal Relations and the Structure of Trust in Society*. New York: Cambridge University Press.

Firth, Raymond. 1957. "Factions in Indian and Overseas Indian Societies," *British Journal of Sociology*, 8(4): 291-295.

Fox, Jonathan. 1994. "The Difficult Transition from Clientelism to Citizenship: Lessons from Mexico," *World Politics*, 46(2): 151-184.

Gallin, Bernard. 1968. "Political Factionalism and Its Impact on Chinese Village Social Organization in Taiwan," In Marc J. Swartz. ed., *Local-level Politics: Social and Cultural Perspective*: 377-400. Chicago, IL: Aldine Publishing Company Press.

George, Alexander L. and Bennett, Andrew. 2005. *Case Studies and Theory Development in the Social Sciences*. Cambridge, UK: The MIT Press.

Grimshaw, William J. 1992. *Bitter Fruit: Black Politics and the Chicago Machine 1931-1991*. Chicago, IL: University of Chicago Press.

Jacobs, J. Bruce. 1980. *Local Politics in Rural Chinese Culture Setting: A Field Study of Mazu Township, Taiwan*. Canberra, Australia: Contemporary China Center, Australia National University.

Kang, David. 2002. *Crony Capitalism: Corruption and Development in South Korea and the Philippines*. New York: Cambridge University Press.

Landé, Carl H. 1965. *Leaders, Factions and Parties: The Structure of Philippine Politics*. Monograph Series No. 6, Southeast Asia Studies, Yale University. Detroit, MI: Cellar Book.

Landé, Carl H. 1973. "Networks and Groups in Southeast Asia: Some Observations on the Group Theory of Politics," *American Political Science Review*, 67(1): 103-127.

Landé, Carl H. 1977. "Introduction: The Dyadic Basis of Clientelism" In Steffin W. Schmidt, James C. Scott, Carl Lande, and Laura Guasti. eds., *Friends, Followers and Factions: A Reader in Political Clientelism:* xiii-xxxvii. Oakland, CA: University of California Press.

Mattlin, Mikael. 2004. "Nested Pyramid Structures: Political Parties in Taiwanese Elections," *The China Quarterly*, 180: 1031-1049.

Mayer, Adrian C. 1966. "The Significance of Quasi-Groups in the Study of Complex Societies," In Michael Banton. ed., *The Social Anthropology of Complex Societies*: 97-121. London, UK: Tavistock Publications.

Nathan, Andrew. 1973. "A Factionalism Model for CCP Politics," *The China Quarterly*, 53: 34-66.

Nicholas, Ralph W. 2004. "Factions: A Comparative Analysis," In Michael Banton. ed., *Political Systems and the Distribution of Power*: 21-61. London: Routledge.

Nicholson, Norman K. 1972. "The Factional Model and the Study of Politics," *Comparative Political Studies*, 5(3): 291-314.

North, Douglass. 1990. *Institutions, Institutional Change and Economic Performance*. Cambridge, UK: Cambridge University Press.

Panebianco, Angelo. 1988. *Political Parties: Organization and Power*, Marc Silver (trans.), Cambridge, UK: Cambridge University Press.

Rigger, Shelley. 1999. "Grassroots Electoral Organization and Political Reform in the ROC on Taiwan and Mexico," In Hermann Giliomee and Charles Simkins. eds., *The Awkward Embrace: One-Party Domination and Democracy*: 301-317. Australia: Harwood Academic Publishers.

Scott, James C. 1969. "Corruption, Machine Politics, and Political Change," *American Political Science Review*, 63(4): 1142-1158.

Scott, James C. 1972. "Patron-Client Politics and Political Change in Southeast Asia," *American Political Science Review*, 66(1): 91-113.

Theobald, Robin. 1983. "The Decline of Patron-client Relations in Developed Societies," *European Journal of Sociology*, 24: 136-147.

Wang, Fang. 1994. "The Political Economy of Authoritarian Clientelism in Taiwan," In Luis Roniger and Ayse Gunes-Ayata. eds., *Democracy, Clientelism and Civil Society*: 181-206. Boulder, CO: Lynne Rienner Publishers.

Weingrod, Alex. 1968. "Patrons, Patronage, and Political Parties," *Comparative Studies in Society and History*, 10: 377-400.

Wolf, Eric R. 1968. "Kinship, Friendship, and Patron-Client Relations in Complex Societies," In Michael Banton. ed., *The Social Anthropology of Complex Societies*: 1-22. London, UK: Tavistock Publications Press.

Wu, Chung-li. 2003. "Local Factions and the Kuomintang in Taiwan's Electoral Politics," *International Relations of the Asia-Pacific*, 3(1): 89-111.

Wu, Nai-teh. 1987. "The Politics of a Regime Patronage System: Mobilization and Control within an Authoritarian Regime." PhD diss. University of Chicago.

第二章

論地方派系樁腳的政治支持及選舉動員：以急水鄉[31]為例

壹、前言

　　在台灣的政治發展過程中，地方派系何以掌握地方政治或社會？因為在各個層級的選舉中，地方派系會推出候選人參選，或是幫助政黨提名的候選人動員選票支持；亦即地方派系憑藉其在地方的經濟基礎[32]和人脈資源，使得國民黨必須重視及利用這股政治勢力來爭取權力或資源的獲得。而且地

---

[31] 本章之所以用急水鄉的化名，以及相關受訪者和受訪者的支持對象，如：縣市長、立委或省議員候選人以化名的方式處理，主要的原因是避免受訪者的政治支持傾向因本研究而產生困擾。

[32] 此經濟基礎是指區域性的聯合獨占經濟，如農會、信用合作社等等組織之資源，為國民黨用來提供給地方派系以交換選舉支持（陳明通、朱雲漢，1992）。

方派系領導者會以恩寵依侍的方式分配物質及非物質資源給派系的成員，以便交換選舉支持（涂一卿，1994；Bosco, 1992; Wu, 1987）。另外，地方派系的成員還有一項特殊的任務是幫助政黨或是候選人進行買票的工作，使其獲得選舉的勝利（王金壽，1994；吳俊昌，1993；Bosco, 1992; Jacobs, 1980）。

因為派系的重要性，所以過去很多地方派系研究的內容，主要關注國民黨與地方派系的結盟關係。這些研究以恩寵依侍關係來指涉國民黨和地方派系的連結，國民黨是恩寵者，而地方派系是依侍者。國民黨（恩寵者）讓地方派系參與選舉掌控地方政治權力，或是提供派系區域性的聯合獨占經濟如：農會、信用合作社等等資源以交換地方派系的效忠，而地方派系（依侍者）則進行動員，凝聚選票支持國民黨（陳明通、朱雲漢，1992；Wu, 1987）。另外一些研究是針對地方派系的起源和持續，主要有三種不同的看法：第一種看法是為了尋求凝聚性（solidarity）和面子（face）而產生派系（Jacobs, 1980: 61）。第二種解釋是強調一個外來政權，基於統治的原因，利用恩寵依侍的手段來扶植一些派系（Wu, 1987）。第三種是屬於較折衷的看法，認為地方派系不是台灣文化的自然體現，也不是執政的黨國體制不法的創造，而是歷史上特殊國家社會的產物（Bosco, 1992: 157）；或認為派系衝突的發生，是因原本社會既已存在的分歧（商紳對農民）及外來政權對於地方派系的統治策略（分而治之）加以推波助瀾的結果（蔡明惠、張茂桂，1994）。

其他的派系研究則專注地方派系與政治、經濟變遷的關係。如 Gallin（1968）認為台灣地方社會最重要的政治變遷是在 1959 年所舉行的鄉長和鄉民代表選舉。這個選舉的程序創造了一個派系主義興盛的環境，以及把農民吸納進入鄉的政治生活。另外一些研究則是分析派系在歷經政治、經濟之轉型後，改變其結盟關係的本質。如派系研究者陳華昇（1993）認為，隨著轉型期經濟社會的發展，地方派系逐漸以成員間的經濟結盟關係為主的特質，取代過去派系成員以政治、社會關係為主的結合型態；亦即，以利益交換來進行彼此的合作和支援。其他一些研究則是談到經濟變遷對於派系消長之影響。如社會學者蔡明惠與張茂桂（1994）論證分析，在面臨都市化和工業化的衝擊之下，相對地顯現出派系選舉動員的弱化現象，但派系在選舉中的影響力仍然具有決定性的多數。

上述這些研究累積了相當豐富的成果和知識，可是在地方政治的基層存在著一群積極的行動者（樁腳），並沒有獲得相當程度的關注或是深入的探究。雖然有一些學者論及派系內部成員的組成，或是樁腳如何送錢到選民的手中（王金壽，1994；吳俊昌，1993；Jacobs, 1980）。但這個傳統智慧仍然留下一些問題尚未探究，如有關派系內部政治支持的一致性及選舉動員等等，需要加以釐清和補充。為了回答這些問題，我們將研究的核心放在地方派系內部的成員（樁腳）。從地方派系的樁腳出發，往上觀察樁腳和派系領導者在選舉時支持對象的差異，往下去描述樁腳和選民的選舉動員過程。

茲歸納成下面兩個子問題：

一、過去一些地方派系的研究,認為派系的權力結構呈現金字塔型(pyramid),其內部大致上可以分成五個層級[33]。而且在地方派系的金字塔型權力結構中,幹部之間的關係是彼此地位與資源不對等的恩寵依侍關係(陳華昇,1993:23、27)。其他的派系研究則認為派系的權力結構是一種縱型連鎖的關係,其上下之間存有統屬的關係。這種縱型連鎖的關係類似一種樹枝狀的結構,加上派系權威式的領導方式,使得地方派系從上到下的貫徹非常良好(苗惠敏,1991:36-37)。另外,一項研究強調派系成員間(領導者和樁腳)有穩定的忠誠關係(Bosco, 1992: 168)。亦即,成員因為情感上的忠誠,所以其政治支持相當一致,而且樁腳不會隨意轉移到其他派系。綜合來看,無論強調派系的金字塔結構,或是成員間的統屬關係或忠誠關係時,皆會蘊含地方派系是一個高度統合之非正式組織,其政治行動具有極大的凝聚力。也就是說,傳統或流行的看法認為,派系在不同的選舉中,具有高度的一致性。或許其支持的政黨或候選人會轉變,但大體上其內部是相當一致的。對於這樣的觀點是否可以得到經驗的確證或否證,是本文的問題意識。在實際

---

[33] 在地方派系金字塔的權力結構中,最上層的是派系領袖或領袖群,通常具有較高公職職位(如中央民意代表、縣長、省議員)及全縣性的知名度;第二層幹部通常是跨越數個鄉鎮的特定區域,具有相當的知名度及支持群眾;第三層幹部通常是在各鄉鎮(市)具有相當知名度,當選縣議員,或是長期擔任鄉鎮(市)公職,或為農會總幹事;第四層幹部通常是在村里中具有一定知名度,或在鄉里中具有良好的人際關係與相當程度的影響力及群眾基礎,如鄉鎮(市)民代表、資深村里長、村里幹事、鄉鎮(市)農會理事、資深會員代表或是農會小組長等;第五層幹部是地方派系最深入基層的成員,一般而言,包括村里長、鄰長、農會代表、小組長等等(陳華昇,1993:23-25)。

的現象中,派系領導者是否能完全強制地命令樁腳支持與其相同的對象,以及是否樁腳本身無其他的立場,完全依循領導者的指示和命令來動員或投票。因此,我們想去觀察地方派系到底是一個具有一致性、協同性的「政治機器」[34],還是其內部成員(樁腳和領導者)在不同選舉時,會出現不一致的政治支持?如果樁腳出現與領導者不一致性的政治支持時,則其原因為何。另外,傳統對於派系內部一致性的理解有兩種看法。一種看法是把派系成員樁腳當成社會人(social man)。強調樁腳和派系領導者之間「關係」[35]的連結和情感的密切,或是樁腳對於領導者的忠誠(涂一卿,1994;Bosco, 1992: 168; Jacobs, 1980)。這種觀點認為派系以傳統的人際關係來凝聚派系的內部,使得派系的政治支持情形會趨於一致。而另一種觀點則認為派系的所有樁腳皆是經濟人(economic man),以利益交換為主要取向(王振寰、沈國屏、黃新高,1994)。這種論述是認為派系透過利益交換的提供,有效連結每一個成員,使得樁腳在政治支持對象上具有相當程度的一致性,於是在選舉時進行協同一致的政治支持。綜合來看,上述兩種說法皆蘊含派系的政治支持具有相當程度的凝聚力。如果派系成員具有一致性的政治支持時,則大部分的樁腳會與領導者支持相同的對象。單就樁腳支持

---

[34] 政治機器是指涉一個非意識型態的組織,對於政治的原則遠比確保、維持其領袖正式的職位和分配收入給那些實際參與的人之興趣來的小;它依賴具體的方式(分配恩寵資源)來為其支持者實現一些目標,而不是依賴其所採取的原則或是立場;一個政治機器在實際上也可以被比喻成一個企業中所有成員皆是股東,股息是根據投資給付(Scott, 1969: 1144,前面的括號為作者所加)。

[35] 所謂的關係(guanxi)是指地緣、血緣、同事、同學、結拜兄弟、姓氏、師生、共同的經濟夥伴、公共關係等九種基礎(Jacobs, 1980)。

情形的層面來看,其完全受到派系領導者的影響或是支配,沒有自主性可言。因此,本文想去了解樁腳在地方派系這個組織中是否有其自主性?還是樁腳會因為社會情感或利益交換的影響下,在選舉時與領導者支持同一個對象。

二、關於樁腳之社會位置的問題。傳統對於這個問題的看法,大體上仍不出所謂行政職位、農會代表的範疇(Bosco, 1992; Jacobs, 1980)。行政職位或組織身分是否成為一個選民擔任樁腳的重要條件?也就是說,樁腳是否必須具備特定的條件才能擔綱選舉動員的工作。就樁腳的任務來看,主要是替候選人或是派系領導者動員與其本身有連結關係的選民。因此,具有眾多的人脈或強大的動員能力之特定選民,是派系領導者極力吸納和爭取的考量條件之一。在實際的現象上,樁腳是不是可能由其他職業或背景,且具有動員能力的選民所組成?所以,本文想去觀察地方派系的樁腳是由什麼樣的人組成?其政治或是社會的位置?另外一個重要的問題是關於樁腳和選民間的互動。根據過去的地方派系研究,派系的基層樁腳會利用平常的社會關係網絡來為候選人進行動員(陳華昇,1993;蔡明惠,1987)。我們想去描述樁腳平常如何與選民建立社會關係,以及樁腳動員選民的過程等內容,以補充對於地方政治之選舉過程的了解。

從樁腳這個層面來探討地方派系的問題,其意義有三:(一)掌握地方社會重要的政治組織。地方派系是威權政體轉型之後,仍然存在的政治組織,因此透過上述所談的幾個面向,可以較清楚掌握地方派系的運作機制和模式。(二)

重視基層政治行動者。一般政治學的研究重視精英（公職人員、派系領袖）及社會一般大眾（選民）。可是在精英和選民的中間層次，存在一群積極的活動分子，他們的政治行動常常被忽視，所以應把這一群積極政治行動者（樁腳）獨立出來加以研究。（三）政治動員的意義。這一群積極活動分子皆位於政黨和地方派系的底層，實際與政黨或地方派系的基礎（選民）做最直接的接觸。他們一方面傳遞上面領導者的意見，一方面尋求下層選民的支持。也就是說，與一般的選民是不同的。他們不只是投下自己的一票，而且也會積極地幫助候選人或是派系的領導者動員選民去參與民主的遊戲規則，所以其政治行動值得我們加以研究和關注。

貳、文獻檢閱

本文將從幾個面向來做文獻的探討，如派系政治支持之一致性、樁腳的行動取向、樁腳的社會位置、樁腳和選民的互動等等。

一、派系政治支持之一致性

過去的研究，對於整個派系在選舉時的政治支持情形不是沒有論及，就是假定其具有高度的一致性。其他的一些研究則論證派系內部的層級關係是屬於金字塔型，且內部成員的權威關係是上下的恩寵依侍關係。如派系研究者陳華昇提到台中縣派系之內部大致上可以分成五個層級。在地方派系的金字塔型權力結構中，幹部之間的關係是彼此地位與資源不對等的恩寵依侍關係（陳華昇，1993）。另外一些社會學者談到，派系是建構在上層與下層之間個別的、垂直的非正式關係,此一非正式的關係是透過利益的交換而建構起來的;而且派系網絡的主軸:頭頭與大樁腳、大樁腳與小樁腳,和小樁腳與基層群眾之間都是上下的侍從關係(王振寰、沈國屏、黃新高,1994:20)。另外一項派系研究則認為派系的權力結構是一種縱型連鎖的關係,上下之間存有統屬的關係。這種縱型連鎖的關係類似一種樹枝狀的結構,加上派系權威式的領導方式,使得地方派系從上到下的貫徹非常良好(苗惠敏,1991:36-37)。整個來說,上述這些研究雖沒有直接探究整個派系成員的政治支持是否一致的研究問題,但由於其說法可間接推論出派系政治支持趨於一致。因為強調地方派系內部領導者和樁腳間的權威關係是上下的恩寵依侍關係或是統屬關係之論點,會假定地方派系是一個機械式的政治組織,樁腳完全聽從派系領導者的命令和指示,以致於從上到下的貫徹非常良好。另外,一項派系研究談到樁腳對於領袖具有忠誠感(Bosco, 1992: 168)。這種說法也會蘊含派系樁腳的政治支持,因為情感上的忠誠而與領導者相互一致。綜合來看,過去的觀點或看法可能假定或是蘊含派系在選舉時,政治支持的情形是高度一致的。因此我們想去觀察地方派系這個政治組織,到底其選舉支持情形是一致的,還是分割的?如果有不一致的情形出現,則造成其不一致性的原因為何?

二、樁腳的行動取向

一些地方派系的研究,對於樁腳或是領導者的行動取向,認為他們是建立在利益交換的關係上。上層的領導者握有正式組織權力的位置,藉由這個位置獲取資源,將資源分配給大小樁腳。大小樁腳再藉由相同的人際網絡,以相反方向向上層集中選票(王振寰、沈國屏、黃新高,1994:20)。亦即,派系的樁腳因為領導者持續地提供利益誘因,於是動員選票進行支持。這種說法比較是從經濟交換的面向,來思考分析派系內部成員的連結,部分說明了派系運作的邏輯。另外一些研究則談到社會情感的行動取向。認為地方派系領導者和樁腳是屬於密切情感的連結或是樁腳具有強烈的忠誠感,且與領導者是長期穩定的關係(Bosco, 1992: 168; Jacobs, 1980)。這種說法是認為派系領導者和樁腳的連結是以傳統的人際關係在加強和維繫,比較從社會情感面出發去看待派系這個非正式組織的活動。上述這兩種觀點是屬於經濟人(economic man)和社會人(social man)的思考模式。而在實際的政治支持中,樁腳是否完全以經濟利益或是社會情感為主要取向,還是存在其他的取向或是原因?

三、樁腳的社會位置

對於樁腳的社會位置加以討論的是Jacobs(1980: 72-81)在台灣媽祖鎮所作的研究。他用三個層級來說明派系內部的成員結構:第一個層級是派系領導者(leader)或核心(core);第二個是高層級的追隨者如村長、鄉鎮民代表、農會幹事;第三個是低層級的追隨者,如鄰居的領導者或是小家族的領導者(Jacobs, 1980: 72-81)。另外,Bosco(1992: 163)在屏東縣萬丹鄉的研究中,發現村莊的樁腳有時是村莊的領袖、農會的代表和政府的僱員(村幹事、里幹事)。過去的研究基本上對於樁腳的組成,大致上仍然不出於行政職位、農會組織的範疇。完全忽略一些在社會組織中,而無政治職位的樁腳。實際上，樁腳是不是可能由其他職業或背景的人組成？

四、樁腳和選民的互動

　　過去的一些地方派系研究，認為基層樁腳和選民是屬於上下的侍從關係（王振寰、沈國屏、黃新高，1994：20）。亦即，樁腳提供選民利益，以交換選民的選票支持。太強調樁腳和選民的侍從關係，可能會如歐美學界所稱的誇大了依侍主義的適用範圍（Clapham, 1982: 22; Rhodes, 1984: 37）。也就是說，依侍主義的概念只能適合在派系領導者和樁腳之連結關係的說明，不能毫無考慮地把此一概念類推到樁腳和選民這個層次。樁腳和選民之連結必須用另外的解釋來說明。如其他一些研究認為樁腳和選民是屬於社會關係的連結，而且地方派系的基層樁腳會利用平常的社會關係網絡來為候選人進行動員（莊英章，1971：226；陳華昇，1993：220；蔡明惠，1987：127；Bosco, 1992: 167-168）。甚至連買票的非法行為也必須透過樁腳平時的社會關係，否則即使有錢買票也很難收到成效（王金壽，1994）。如果有一些人（樁腳）是在運用社會關係的網絡進行選舉動員，描述他們在平時如何建立這樣的社會關係，對於了解地方社會中樁腳和選民的互動應該會有一些助益。另外，早期對於地方派系動員的研究，談到樁腳利用社會關係網絡有效地估計其所掌握的選票（Bosco, 1992）或是談到樁腳如何把買票的錢送到選民的手中（王金壽，1994）。我們想透過一些田野資料的補充，進一步掌握地方派系的樁腳如何進行選舉動員的過程。回顧過去的文獻，留下一些待釐清或是解答的地方。因此，我們欲透過田野調查的方式，直接接觸地方政治的基層精英（領導者）和基層的積極行動者（樁腳）。藉此來了解兩者在選舉時的政治支持情形、樁腳的社會位置，及樁腳和選民的互動情形等等問題。

　　地方派系的領導者為了爭取選票，會與不同的選民進行接觸。但並不是每個選民都能直接接觸的到，於是這些接觸不到的選民只有依賴樁腳來推動促成。根據一些地方派系的研究，樁腳是一個熟知親屬網絡和個人友誼關係的人（Bosco, 1992: 168）。因此，每個樁腳各自擁有不同的人際資源，這些資源對於領導者來說是選舉勝利的重要基石。整個來看，樁腳是派系選舉動員之所以可能的重要推動者，也是和一般選民最接近的人（涂一卿，1994：135）。樁腳這個概念，被許多學者用來專指買票系統的行動者。他們的一些研究發現樁腳是為了爭取面子或鞏固其在地方的地位或是權力、為還候選人人情、為求取候選人回報和為了取得利益等目的，才進行買票的工作（吳俊昌，1993：45-47）或其他的派系研究談到，樁腳的任務是列出其所掌握的選民名單給負責人核對確認，再把名單送回樁腳之手中，以進行組織化、系統化的買票（王金壽，1994：42）。這兩個描述性的研究皆強調樁腳的買票角色，並描述樁腳為何替人買票之目的或買票進行的過程。而本文所謂的樁腳的定義與其他的派系研究一樣，屬於比較廣泛的界定，並非把樁腳的任務看成只有在進行買票的工作。買票或許只是其中的一項政治行動，我們可能還必須關注樁腳的其他面向，如樁腳的社會關係或是政治動員，以便於較清楚地掌控樁腳在地方政治的場域中所扮演的角色和行動。

參、急水鄉派系產生之原因及運作現況

急水鄉位於曾文縣西北方，鄉內行政區域的劃分有十六個村莊。這十六個村莊又可以分成靠山的六個村莊和平地的十個村莊。整個急水鄉目前的人口總數有 26,965 人，十五歲以上就業人口數有 15,306 人。農林漁牧類別有 13,110 人，大約占就業人口數八成以上的比例，其中又以務農（種植稻米、瓜果）居多[36]。急水鄉派系產生的原因是在 1960 年代國民黨的政黨組織急水鄉民眾服務站之主任，為了選舉的因素扶植一個派系，而另外一個派系則是反對者的結盟[37]。結果出現一個是黃派（領導者黃飯先生），另一派是吳派（領導者吳啟先生）的雙派系主義（bifactionalism）的現象。後來吳派由連續擔任第七、八屆急水鄉長程英領導，演變至今天地方上所稱的黃派對程派，請參閱表 2（受訪者 Ia1; Ib1）。

急水鄉派系政治一個特殊的情形是，現今程派的領導者程英已經很少參與地方派系內部的運作（現任曾文縣選舉委員會副總幹事），而實際的領導者是吳逢縣議員（曾任兩屆的急水鄉長）。吳的父親與黃派領導者黃飯是好友，由於這層關係所以吳逢先生本屬於黃派。因為吳逢擔任鄉民代表主席的時候，向省議員高育爭取地方經費撥款四十三萬元，建設其居住的村莊。當時同屬黃派的第九屆鄉長李元（前立法

---

[36] 本資料的來源感謝急水鄉戶政事務所熱心提供的 1994 年急水鄉人口總數、十五歲以上就業人口數的資料。

[37] 急水鄉的情況，與一些研究地方派系的學者如吳乃德（Wu, 1987）論證有關地方派系的產生和持續，是與外來國民黨政權為了統治的正當性所刻意扶植的觀點不謀而合。但本文並不企圖去做過分的推演，認為台灣的地方派系都是類似的產生情況。

表 2　急水鄉第四屆到第十二屆鄉長和派系的屬性

年代	屆數	鄉長姓名	派系屬性
1962	四屆	黃飯	黃派
1966	五屆	吳啟	吳派
1970	六屆	黃飯	黃派
1974	七屆	程英	程派
1978	八屆	程英	程派
1982	九屆	李元	黃派
1986	十屆	吳逢	程派
1990	十一屆	吳逢	程派
1994	十二屆	黃明	黃派

委員李峰之哥）不願意蓋行政程序的印章讓其順利執行，所以吳後來與黃派漸行漸遠，轉而成為程派的核心成員及實際的領導者（受訪者 Ib4）。

　　急水鄉另外一派是黃派，黃派目前由幾個領導者共同組成：一個是現任鄉長黃明先生（黃派創始人黃飯是其叔叔）；另外一個是鄉農會總幹事李高先生以及縣議員鄭逢先生。整個急水鄉的重要權力組織如鄉公所、農會總幹事、村長的席次分配，目前幾乎都由黃派掌控多數（受訪者 Ia1）。為何選擇此個案急水鄉的原因有三：（一）急水鄉是曾文縣派系激烈的鄉鎮之一（受訪者 Ib1）。在派系激烈衝突的情況之下，各個派系會發展自己綿密的樁腳網絡和動員系統以資對抗敵對派系。因此適合我們去加以觀察和訪談領導者、樁腳的政治活動。（二）急水鄉是屬於較傳統的鄉鎮（農業人口仍占就業人口的大多數），無受到都市化、現代化太大的影響。如果我們接受地方派系，仍然在傳統的鄉鎮中扮演重要的角色這樣的觀點時，選擇這樣的鄉是一個比較適合的範圍和個案。(三)由於作者與急水鄉程派的實際領導者吳逢先生熟識,吳願意與作者進行深入的訪談並提供一些樁腳的名單讓作者採訪。在質化方法論上,此稱為「滾雪球抽樣」的訪談法。而另外一派的情形是作者藉由多次的拜訪黃明鄉長及李高農會總幹事,因為他們的熱心相助,使作者同樣能夠得到一些樁腳的名單。樁腳名單不足的部分,則可能透過一個村莊某個派系的樁腳告訴筆者誰是敵對派系的樁腳來加以補充。

肆、地方派系的政治支持是一致性或分割性?

先前曾經提到,一些研究台灣地方派系的文章,對於派系內部的支持情形不是隱含著一致性的看法,就是認為派系內部的成員是統屬的關係。這種看法基本上並沒有真正掌握到派系內部運作的邏輯,或派系這個非正式團體的屬性。而西方研究派系的學者 Landé(1977: xx)曾經對於非結合團體的內在運作做一個界定:「這種團體是一種轉變、無定型的團體;每一次為了行動動員,會改變它的形式和規模;這些形式和規模,必須視團體的成員要求其他成員幫助的情況而定;而且在這個團體中,相同的成員在不同的場合之下,可能會動員不同的盟友;甚至,不可能整個或是最大化的團體在未來持續地行動」。Landé 所持的觀點比較能夠清楚地掌握派系這個非正式團體的特性。因為在派系這個團體中,其成員之間,基本上是以直接的恩寵依侍關係作為連結。當派系進行動員時,其效果必須視成員要求與其有直接關係之成員的幫忙程度而定。由於派系每一次動員其他成員的效果皆不同,所以會產生不同情況之下動員到不同的成員。不過,這種界定式的說法仍過於簡略,沒有仔細的加以分析說明。

基本上，在那些情況之下，派系成員不會進行協同一致的政治行動，以及什麼因素使得這些派系成員會有不一致性的政治支持等等問題都必須進一步加以釐清。而且本文想把焦點放在台灣派系現象的脈絡上，進一步觀察且分析地方派系作為一個非結合的團體，其在不同層次的選舉中，其政治支持是一致性或是分割性。在這一節中，首先觀察描述急水鄉兩個派系的樁腳和領導者，在選舉時的政治支持對象；接下來如果樁腳和領導者的政治支持對象出現不一致的話，探討何種因素造成樁腳的轉移？

伍、樁腳和領導者在選舉時的支持對象

傳統或是流行的看法認為派系在不同的選舉中，皆具有高度的一致性。或許其支持的政黨或候選人會轉變，但大體上其內部是相當一致的。因此我們想去觀察地方派系到底是一個具有一致性、協同性的政治機器，還是其內部成員在不同選舉中，會出現不一致的支持。下面的表 3、表 4 是兩個派系的領導者和樁腳，從 1992 年的立委、1993 縣市長、1994 年初鄉鎮長、縣議員、1994 年底省長、省議員選舉的支持對象及支持對象的派系屬性[38]：

---

[38] 有關曾文縣縣級派系的發展必須談到派系的源起。曾文縣的派系源起是由於選舉競爭的原因；第一屆縣長選舉時，三人競逐分別是高錦德（高育仁之父）、蔡愛仁、高文瑞，結果由高文瑞獲勝；而當時胡龍寶是擔任國民黨曾文縣黨部主委，肩負高文瑞的輔選責任；高文瑞擔任兩屆縣長之後，國民黨提名胡龍寶競選第三屆曾文縣縣長；北門派（實際的領導人是當時政界、商界的名人吳三連先生）則推出吳拜先生出來與之競爭；胡龍寶依靠當國民黨主委時，所建立的輔選組織力量，最後結果由胡龍寶獲勝；胡連續擔任兩屆縣長之後，一手創立山派，而北門派則演變成海派；高育仁是由山派創始人胡龍寶所提拔，曾經擔任過一屆的曾文縣縣長，以後自立門戶為高派（王清治，1985：170-176；李旺台，1993：137）。

表 3　黃派的選舉支持情形

黃派成員及層級	立委 (92年)	縣長 (93年)	縣議員 (94年)	鄉長 (94年)	省長 (95年)	省議員 (95年)
黃明山 (領袖、Ia1)	高育 (高)	黃秀 (海)	鄭逢 (黃)	黃明 (黃)	宋楚 (國)	謝鈞[39] (山)
章先生 (樁腳、Ia2)	蘇火 (山)	黃秀 (海)	鄭逢 (黃)	黃明 (黃)	宋楚 (國)	謝鈞 (山)
劉先生 (樁腳、Ia3)	洪玉 (海)	黃秀 (海)	鄭逢 (黃)	黃明 (黃)	宋楚 (國)	謝鈞 (山)
黃先生 (樁腳、Ia4)	蘇煥 (民)	黃秀 (海)	鄭逢 (黃)	黃明 (黃)	宋楚 (國)	謝鈞 (山)
方先生 (樁腳、Ia5)	李宗 (山)	黃秀 (海)	鄭逢 (黃)	黃明 (黃)	宋楚 (國)	謝鈞 (山)
盧先生 (樁腳、Ia6)	高育 (高)	黃秀 (海)	鄭逢 (黃)	黃明 (黃)	宋楚 (國)	謝鈞 (山)
宋先生 (樁腳、Ia7)	李宗 (山)	黃秀 (海)	鄭逢 (黃)	黃明 (黃)	宋楚 (國)	謝三 (民)
伍女士 (樁腳、Ia8)	李宗 (山)	黃秀 (海)	鄭逢 (黃)	黃明 (黃)	宋楚 (國)	謝鈞 (山)
陳先生 (樁腳、Ia9)	高育 (高)	黃秀 (海)	鄭逢 (黃)	黃明 (黃)	宋楚 (國)	方醫 (無)
李先生 (樁腳、Ia10)	高育 (高)	陳唐 (民)	鄭逢 (黃)	黃明 (黃)	宋楚 (國)	謝鈞 (山)
盧先生 (樁腳、Ia11)	蘇火 (山)	黃秀 (海)	鄭逢 (黃)	黃明 (黃)	宋楚 (國)	方醫 (無)
簡先生 (樁腳、Ia12)	高育 (高)	陳唐 (民)	鄭逢 (黃)	黃明 (黃)	宋楚 (國)	謝鈞 (山)
何先生 (樁腳、Ia13)	洪玉 (海)	陳唐 (民)	鄭逢 (黃)	黃明 (黃)	宋楚 (國)	方醫 (無)

編號說明：山代表山派（縣級派系）；海代表海派（縣級派系）；黃代表黃派（鄉級派系）；
　　　　　高代表高派（縣級派系）；國代表國民黨；民代表民主進步黨；無代表無派系屬性。

---

[39] 黃派領袖也同時支持方醫（無黨派）。

表 4　程派的選舉支持情形

程派成員及層級	立委 (92)	縣長 (93)	縣議員 (94)	鄉長 (94)	省長 (95)	省議員 (95)
吳逢 (領袖、Ib1)	高育 (高)	陳唐 (民)	吳逢 (程)	段哲 (程)	陳定 (民)	方醫 (無)
段先生 (椿腳、Ib2)	蘇煥 (民)	陳唐 (民)	吳逢 (程)	段哲 (程)	陳定 (民)	鄭國 (民)
李先生 (椿腳、Ib3)	高育 (高)	陳唐 (民)	吳逢 (程)	段哲 (程)	宋楚 (國)	方醫 (無)
陳先生 (椿腳、Ib4)	高育 (民)	陳唐 (民)	吳逢 (程)	段哲 (程)	宋楚 (國)	謝鈞 (山)
李女士 (椿腳、Ib5)	高育 (高)	黃秀 (海)	吳逢 (程)	段哲 (程)	宋楚 (國)	顏胡 (山)
郭女士 (椿腳、Ib6)	高育 (高)	黃秀 (海)	吳逢 (程)	段哲 (程)	陳定 (民)	謝三 (民)
陳先生 (椿腳、Ib7)	高育 (高)	陳唐 (民)	吳逢 (程)	段哲 (程)	宋楚 (國)	謝三 (民)
李先生 (椿腳、Ib8)	高育 (高)	黃秀 (海)	吳逢 (程)	段哲 (程)	宋楚 (國)	方醫 (無)
曾先生 (椿腳、Ib9)	魏耀 (民)	陳唐 (民)	吳逢 (程)	段哲 (程)	陳定 (民)	葉宜 (民)
盧先生 (椿腳、Ib10)	高育 (高)	陳唐 (民)	吳逢 (程)	段哲 (程)	陳定 (民)	葉宜 (民)
林先生 (椿腳、Ib11)	高育 (高)	陳唐 (民)	吳逢 (程)	段哲 (程)	宋楚 (國)	謝鈞 (山)
胡先生 (椿腳、Ib12)	高育 (高)	黃秀 (海)	吳逢 (程)	段哲 (程)	宋楚 (國)	謝鈞 (山)
施先生 (椿腳、Ib13)	蘇煥 (民)	陳唐 (民)	吳逢 (程)	段哲 (程)	陳定 (民)	鄭國 (民)
李先生 (椿腳、Ib14)	高育 (高)	黃秀 (海)	吳逢 (程)	段哲 (程)	宋楚 (國)	方醫 (無)
白先生 (椿腳、Ib15)	蘇煥 (民)	陳唐 (民)	吳逢 (程)	段哲 (程)	陳定 (民)	葉宜 (民)
翁先生 (椿腳、Ib16)	高育 (高)	黃秀 (海)	吳逢 (程)	段哲 (程)	宋楚 (國)	方醫 (無)
蘇先生 (椿腳、Ib17)	高育 (高)	陳唐 (民)	吳逢 (程)	段哲 (程)	宋楚 (國)	方醫 (無)
王先生 (椿腳、Ib18)	蘇火 (山)	黃秀 (海)	吳逢 (程)	段哲 (程)	宋楚 (國)	謝鈞 (山)

表 4　程派的選舉支持情形（續）

蘇先生 （椿腳、Ib19）	蘇煥 （民）	陳唐 （民）	吳逢 （程）	段哲 （程）	陳定 （民）	鄭國 （民）
陳先生 （椿腳、Ib20）	高育 （高）	黃秀 （海）	吳逢 （程）	段哲 （程）	宋楚 （國）	方醫 （無）
施先生 （椿腳、Ib21）	蘇火 （山）	陳唐 （民）	吳逢 （程）	段哲 （程）	宋楚 （國）	方醫 （無）
段先生 （椿腳、Ib22）	洪玉 （海）	黃秀 （海）	吳逢 （程）	段哲 （程）	宋楚 （國）	謝鈞 （山）
吳先生 （椿腳、Ib23）	蘇煥 （民）	陳唐 （民）	吳逢 （程）	段哲 （程）	陳定 （民）	葉宜 （民）
林先生 （椿腳、Ib24）	蘇火 （山）	陳唐 （民）	吳逢 （程）	段哲 （程）	宋楚 （國）	謝鈞 （山）
丘先生 （椿腳、Ib25）	高育 （高）	黃秀 （海）	吳逢 （程）	段哲 （程）	宋楚 （國）	方醫 （無）
葉先生 （椿腳、Ib26）	洪玉 （海）	陳唐 （民）	吳逢 （程）	段哲 （程）	陳定 （民）	鄭國 （民）

編號說明：山代表山派（縣級派系）；海代表海派（縣級派系）；程代表程派（鄉級派系）；高代表高派（縣級派系）；國代表國民黨；民代表民主進步黨；無代表無派系屬性。

從黃派的支持對象來看，可以歸納出一些模式：一、立委選舉時，黃派的領導者與椿腳分別支持不同的縣級派系之立委候選人。黃派領導者支持國民黨提名的候選人高育，而一些椿腳分別支持國民黨的李宗、蘇火、洪玉和民主進步黨的蘇煥，其餘的椿腳與領導者支持的對象一樣。二、在縣長選舉方面，黃派的領導者和椿腳大部分支持國民黨所提名的縣長候選人黃秀，其他三位椿腳支持民主進步黨的陳唐。在省長選舉方面，領導者和椿腳皆支持國民黨提名的省長候選人宋楚。三、基層選舉如縣議員、鄉長等，黃派領導者和椿腳皆支持派系所提出的鄉長或是縣議員候選人。四、省議員選舉部分，黃派領導者支持兩位彼此競爭的候選人。一位是謝鈞，一位是方醫。而黃派有三位椿腳支持方醫，兩位支持謝三,其餘皆支持謝鈞。接著我們再看表 4 程派的支持情形[40]。

　　從表 4 來看,程派的支持情形有幾種結果:一、立委選舉時,程派的領導者支持國民黨提名的高育,而大多數的椿腳也支持高育。不過其中有五位椿腳支持民主進步黨的蘇煥及一位支持民主進步黨的魏耀。另外,兩位椿腳支持國民黨洪玉及兩位支持國民黨的蘇火。二、縣市長選舉時,程派領導者支持民主進步黨的陳唐。一些椿腳支持民主進步黨的陳唐,另一些則支持國民黨候選人黃秀。三、基層選舉的部分,程派領導者和椿腳皆支持派系所推出的鄉長或是縣議員候選人。四、省長選舉部分,領導者支持民主進步黨所提名的候選人陳定。而一些椿腳支持國民黨的宋楚,另一些則支持陳定。五、省議員選舉時,程派領導者支持兩位分屬不同政黨的候選人,一位是國民黨候選人方醫,一位是民主進步黨候選人謝三。而有的椿腳分別支持民主進步黨的省議員候選人鄭國、謝三及葉宜,另一些椿腳則分別支持國民黨提名的方醫、謝鈞、顏胡秀。把表 3、表 4[41]綜合歸納來看,兩個派系呈現出三種相似的情形。茲分別說明如下:

　　(一)在基層選舉部分如鄉長、縣議員,基本上兩派的椿腳都支持派系所推出的候選人,是派系競爭的對抗。而在高層次的選舉比較複雜,椿腳的支持對象可能不會與領導者

---

[40] 受限於田野訪問時間的不足,本文作者把焦點集中於程派,藉由訪問更多程派的椿腳,以便於清楚了解派系之政治支持情形及椿腳的社會位置。

[41] 表 3、表 4 的支持對象、派系屬性是依受訪者的訪談資料(Ia1-Ia13;Ib1-Ib26;Id1)。

所結盟或是支持的縣級派系候選人相同,如黃派的一些樁腳在立委選舉時,分別支持縣級的山派、海派、高派候選人,這些縣級的派系基本上是處於一種競爭的狀態。另一派程派的情形是在立委、縣長、省長及省議員選舉時,領導者和部分的樁腳支持對象也不一致。較明顯的不一致情形是立法委員、省議員選舉的部分。總之,兩個派系的領導者和樁腳在特定的選舉,尤其是多席次的選舉,皆出現了支持不同候選人的現象。這表示地方派系作為一個政治機器,其政治支持會出現不一致性或是分割性。(二)黃派及程派的領導者同時為兩個相互競爭的候選人進行選舉動員。如黃派的領導人,在省議員選舉時支持兩個候選人。黃派領導者告訴作者,兩位候選人皆有來拜訪,為了不得失任何一方,兩個都支持。大部分樁腳是替謝姓候選人動員,一部分樁腳是替方姓候選人。因為領導者說:「這樣的作法在以後爭取地方建設經費有比較多的管道」(Ia1)。而根據這位領導者的樁腳在省議員選舉時的支持對象,也與領導者的說法相互證成,大多數的樁腳為謝姓候選人動員,一小部分的樁腳為方姓候選人動員(參閱表3),而程派的實際領導者也支持兩位候選人,一位是國民黨籍的方醫、一位是民主進步黨籍的謝三。這位領導者談到如何同時替不同政黨的候選人進行動員:

> 如果把國民黨的樁腳運作支持民進黨,這樣會很慘。通常是支持國民黨的樁腳運作給國民黨的候選人,而過去支持民進黨的樁腳運作給民進黨的候選人。(Ib1)

也就是說，不是把原先支持國民黨的椿腳動員給民主進步黨，反之亦然。是一種依循過去的脈絡來加以考量和動員，這樣才不會出現「很慘」的現象。綜合歸納來看，兩位派系的領導者皆屬於雙向的動員（double mobilization）。這樣的動員方式是領導者影響派系的一些椿腳去支持不同的候選人，可以不會得失任何一方，且在未來要求不同黨派的當選人提供恩惠的幫助。（三）兩個派系的領導者在多席次的選舉中可能支持相同的候選人。從表3和表4來看，在1992年立委選舉時，兩派的領導者皆支持高育先生。顯示敵對派系的領導者，在高層次的多席位選舉可能合作去支持相同的一位候選人，使得原本派系間的對抗競爭，變成為同一候選人的協力動員。總體來說，黃派和程派兩個派系的政治支持情形顯示出兩個意涵：1. 在基層選舉部分，派系的競爭相當的激烈，而且鄉鎮重要的權力系統（鄉公所、農會）皆為派系所掌控。由此可以看出，派系在基層的政治仍有極大的影響力。2. 民主轉型之後，地方派系（如程派）會去支持資源較為稀少的民主進步黨。這表示在台灣的政治競爭場域中出現了另一個結盟的選項，讓地方派系在這種情況之下，有機會可以進行選擇。而且對於反對黨來說，地方派系在基層選舉的力量也能夠提供民主進步黨更多的動員系統及支持基礎（選票）。

陸、椿腳的政治支持出現不一致性的因素

由前一節的資料來看，黃派的一些椿腳，在立委選舉時分別支持縣級的山派、海派、高派候選人。另一派程派的情

形是在立委、縣長、省長及省議員選舉時,領導者和部分的樁腳之支持對象產生了不一致的現象。整個來說,這兩個派系的樁腳和領導者分別在一些選舉中出現了不一致的政治支持對象。接下來,這一節我們想透過訪談的經驗資料,來了解派系領導者對於樁腳的政治支持之看法。之後,再說明樁腳為何出現與領導者不一致的政治支持之因素。首先,說明派系領導者對於樁腳的政治支持之看法。

一、派系領導者對於樁腳的政治支持之看法

在較高層次的選舉,地方派系的領導者,通常不會強力的要求樁腳支持某個特定的候選人。如果領導者干涉太多的話,容易引起樁腳的反感。而派系領導者在實際運作上,只能去要求那些和特定候選人沒有連結關係的樁腳,與派系支持相同的候選人。如果與特定候選人有交情的樁腳,可以自行去支持。下面是一位擔任鄉長的黃派領導者之說法:

> 黃派不可能全力支持某一位執政黨籍候選人(指的是高層次的多席位選舉),因為有時候一些派系中的人與候選人有特殊關係;樁仔腳如與特定候選人沒有交情,就會與派系支持同一個人;⋯⋯因一特定對象或是某一事因,所以省級中央級選舉時無法完全干涉,干涉太多會引起樁仔腳的反感。基本上,不能阻擋樁仔腳去支持其他支持其他候選人。(Ia1,括號內為作者所加)

通常領導者在高層次的選舉,不會阻擋樁腳的政治支持。但並不是所有的高層次選舉皆是如此。一般來說,單一職位選舉時地方派系會極力動員,而多席位的選舉時則開放。如另一位擔任農會總幹事的黃派領導者談到:「地方派系的支持需要看情形,鄉長、縣長、省長部分幾乎支持同一個人」。

> 立委、省議員如樁仔腳個人有交情,就分別去支持,無關係就會聽我的意見。整個來看,立委、省議員選舉讓他們發揮,縣長、省長選舉會強力動員。事實上,在高層次的選舉不能阻擋樁仔腳(這裡指農民代表),否則下次不支持我出來選農會總幹事。(Ic1)

這位領導者談到不能去阻擋樁腳,否則下一次樁腳不會在基層的選舉支持他。此一說法表示領導者知道其與樁腳的政治關係是相當侷限的,通常只限定在基層選舉的支持。這是因為地方派系是一個非正式的團體,領導者和樁腳的關係,並不是像正式團體中領袖(leader)與追隨者(follower)的關係,領導者並不能強力要求和命令樁腳在政治支持上必須一致。在正式團體或是組織中,不管是民主或獨裁,都存在著一定程度的凝聚性以及領導者會具有權威性。而且其決策通常會透過正當性的程序來確定,因此整個團體可以一致的行動。而非正式的團體或是組織,其成員之間的連結是依賴彼此之間關係的親疏,這種關係有其侷限性,無法要求彼此行動的一致。另外,政治學者 James Scott(1972: 93, 109)

也談到，一個現代的恩寵者可能有一些強制的權力及握有正式職位的權威；假如用這種力量或是權威來命令，是不足以確保依侍者的順從；主要的原因是選舉競爭的動力，改變了恩寵依侍關係中的一個重要面向，如依侍者藉由資源的增加（擁有選票）改善了與恩寵者討價還價的位置。以 Scott 的觀點來說，地方派系的領導者和樁腳的連結是屬於恩寵依侍的關係，派系領導者提供資源給樁腳以交換選票支持，但這種互動並不存在一個純粹的命令或是支配關係。

綜合來說，從領導者對於樁腳政治支持的描述可以看出，地方派系並不是一個具有一致性、協同性的政治機器。且地方派系的政治支持，基本上比較是開放式的。在較高層次的選舉（立委、省議員選舉）派系的支持較鬆散，並無高度的一致性或是協同性。如果樁腳本身與某位候選人有特殊交情時，派系領導者會以開放的方式讓樁腳去支持，不會阻擋樁腳的行動。這是因為領導者必須依賴樁腳下次在基層選舉支持的政治預期。假如樁腳沒有特定的對象，仍然會聽從領導者的指示替某個候選人動員。亦即，地方派系允許樁腳在社會壓力（social pressure）和選舉規模（electoral scale）等情況之下，去支持與領導者不同的候選人。因此，地方派系在基層的選舉會強力的運作，較高層次的選舉則會看情況開放一些樁腳支持其屬意的人選。接下來，我們想透過訪問資料去了解一些樁腳，為何出現與領導者不一致的政治支持之因素？

二、樁腳的政治支持出現不一致性的因素

樁腳的政治支持，出現不一致性的因素大約有四種。

（一）樁腳與特定的候選人直接建立社會關係的連結。（二）政黨或是社會團體的影響。（三）議題或是政策的影響。（四）候選人的條件或形象。茲分別說明如下：

(一) 樁腳與候選人直接建立社會關係的連結

鄉鎮地方派系的樁腳，可能因為與候選人建立直接的連結關係，所以在選舉時與派系領導者的支持對象不同。下面是一位擔任村長的黃派樁腳之說法：

在立委選舉時，我支持海派的洪玉，是因為我和他有特殊的交情；我做村長的時候，向他討地方建設的經費，他都有答應我的要求；在選舉的時候，也會來拜訪我。（Ia3）

這理由表示樁腳與特定候選人之間，也維持社會關係或交換關係的連結。候選人答應樁腳爭取建設經費的要求，以交換樁腳的選票支持。亦即，鄉鎮地方派系的樁腳有很多的社會連結，不只從派系內部維持交換關係，也可能跳過鄉鎮派系的社會關係，發展出更高層次的關係。產生更高層次的社會關係連結之主要原因，是樁腳為了不同的需求尋找不同的人來加以解決。鄉村的建設經費不一定足以應付需求，透過高層次的候選人可以爭取到較多的補助款。另一個層面的意涵是候選人透過這種地方建設經費的恩惠，可以滲透到地方的基層，與鄉鎮的樁腳直接進行連結，以便鞏固自己在基層的支持基礎和動員力量。其他兩位擔任村長的黃派樁腳

（Ia5；Ia7）也與上面的情形類似。他們向作者表示，立委支持李宗是因為他答應替他們村莊爭取建設經費，所以在選舉時會幫他積極的動員。

地方建設經費不僅國民黨的候選人能夠提供，反對黨的公職人員也可能達成。下面是相關的例子。一位擔任村長的黃派樁腳宋先生，在省議員選舉時支持民主進步黨的候選人謝三。什麼原因使得這位樁腳原本支持光譜右端的國民黨，轉移支持左端之民主進步黨（見表3）。根據受訪樁腳自己的陳述，因為謝三在省議員任內爭取經費建設其居住村莊的橋樑，使村民在颱風季節免於淹水之苦。宋村長用這種地方建設的恩惠向其村民訴求和動員，連原本忠黨愛國的榮民都答應要支持民主進步黨的謝三，且候選人謝三在該村的得票數相當的高。不過這位村長向作者表示其相當認同國民黨，在過去或是同時間的省長選舉皆支持國民黨候選人（Ia8）。基本上，宋先生的情形也是屬於樁腳直接和候選人建立社會關係的連結，只不過其村莊的建設經費是由反對黨的省議員所提供。此樁腳因為這種特殊恩惠或是服務替反對黨的候選人動員，實際上可能會與自己的政黨認同互相矛盾。

下面是另一個派系的樁腳與候選人建立直接的社會關係之情形。程派有兩位樁腳在立委選舉時支持洪玉（Ib22；Ib26），與派系領導者之支持對象不同。他們之所以會支持洪玉是因為他們曾經向其請託解決私人的問題，或是爭取地方建設經費而欠其人情。另外，一位現任鄉民代表的程派樁腳提到，她曾經向擔任省議員的黃秀人情請託，要省議員幫忙其女兒安插代課老師的教職。因為這層緣故，選舉時替她積極動員（Ib6）。這位樁腳的情形也是與高層級的候選人建立直接的交換關係。因縣長候選人黃秀曾經提供工作職位的恩惠給鄉鎮派系的樁腳，在選舉時，樁腳會由於恩惠的提供而為候選人積極動員。

　　從上述這些例子來看，高層次的候選人與基層的樁腳會進行直接的連結。而這種連結不一定需要透過派系的領導者，向這些候選人傳遞和反應。於是在這種多元的連結關係之下，樁腳會與派系領導者支持不同的候選人。另外，基層的樁腳可能不只是屬於鄉鎮派系的一個成員，也會因為恩惠的交換，成為替特定候選人動員的「樁腳」。

（二）政黨或是社會團體的影響

　　地方派系的樁腳本身，可能不只具有地方派系成員的單一身分，他們可能還擁有政黨黨員或是社會團體成員的其他身分。由於其他的身分或是團體的影響，使得樁腳與領導者支持不同的對象。如下面所談的一些樁腳。在縣長選舉，程派領導者吳逢先生支持民主進步黨的候選人陳唐，而有一些樁腳卻支持國民黨提名的黃秀（Ib5；Ib8）。其中一位擔任婦女會總幹事的程派樁腳談到：「她一向支持國民黨所提名的女性候選人，縣長選舉時支持黃秀女士，而省議員選舉時她也支持顏胡秀女士」（Ib5）。另外，有兩位樁腳向作者表示，他們是因為受到水利會的影響，所以才替國民黨縣長候選人動員（Ib12；Ib22）。有一位從事瓦斯行生意的樁腳說，他是忠貞的國民黨員，選舉時一向支持國民黨所提出的候選人，這次縣長也不例外（Ib8）。其他一些程派樁腳，也是因為本身是國民黨員或是認同國民黨，以致於在選舉時支持執政黨提名候選人（Ib14；Ib17；Ib25）。上述這些例子，是因為樁腳受到政黨、婦女團體、水利會等水平團體的影響，於是在選舉時與派系的領導者支持不同的候選人。亦即，這些樁腳擁有兩種團體成員的身分，一種是地方派系非正式團體的成員身分，另一種是正式團體或是政治組織的成員身分。在某些選舉時受到正式團體的影響力比地方派系來得大，因此與派系領導者支持不同黨派的候選人。

（三）議題或是政策的影響

樁腳可能會因為受到選舉議題的影響，而與領導者支持不同的候選人。如黃派一位樁腳黃先生在立委選舉時，選擇支持民主進步黨的立委候選人蘇煥。根據受訪樁腳自己的陳述，因為候選人蘇煥提出免繳水租及老人年金的議題，所以在立委選舉時支持他（Ia4）。黃先生的情形基本上是屬於自主性的政治判斷。他因為選舉議題的考量轉移支持民主進步黨，而與其地方派系領導者或是其他的樁腳支持不同黨派的候選人。同樣兩位支持民主進步黨立委候選人蘇煥的程派樁腳，也認為其訴求能夠吸引選民，雖然派系領導者曾極力遊說他們支持另一位國民黨候選人（Ib13；Ib15）。另一些程派的樁腳選擇在立委選舉支持蘇火先生，而不支持領導者動員的高姓候選人。其主要的原因是他們認為候選人蘇火以前是出身於農民團體，常常會為農民奔走，而且關注農民議題及提出農民政策（Ib18；Ib21；Ib24)。在縣長選舉部分，黃派一位樁腳簡先生（Ia12）和程派兩位樁腳林先生及施先生（Ib11；Ib21），相當贊成民主進步黨縣長候選人所提出來的老人年金五千元的訴求，他們認為這種政策對於鄉村孤苦無依的老人有明顯的幫助，所以極力為其動員。樁腳除了在選舉時，因為自己的政治判斷支持不同的政黨，也可能因為政策的考量流動於不同的派系。現為黃派樁腳的鄉民代表陳秀女士，其原本是程派推其出來競選鄉民代表。因為她反對當時擔任鄉長的程派領導者吳逢，欲通過的永安高爾夫球場案（把急水鄉一百零八甲土地低價租給商人建球場），因而轉變成為黃派的樁腳。這位樁腳告訴作者曾有人拿為數不少的金錢想向其收買，為其所拒絕（Ia7）。這個例子可以證明樁腳有其政治自主性，原本是屬於程派的樁腳因為政策立場的考量，在不願受到利益的驅使之下轉移流動到敵對的黃派。不管是選舉議題或是政策的考量，皆表示樁腳本身有自己的意識型態，不完全受到領導者的掌握和操控。也就是說，雖然樁腳在基層的派系中與領導者有密切的連結關係，但樁腳本身仍然可能根據自己的想法去進行判斷或是行動。因為這些判斷，於是在選舉時與領導者支持不同黨派的候選人，甚至轉移到其他派系。

（四）候選人的條件或形象

除了競選議題之外，候選人的條件或是形象，也會影響地方派系一些樁腳的政治支持原因。立委選舉時，兩位程派的樁腳，談到為何在領導者極力動員支持另一候選人之下，還是支持蘇煥。主要是他們認為其本身高學歷，又是一位從事法律工作的律師（Ib15；Ib19）。另外，在縣長選舉時的情形也極為類似。如程派有一位陳姓樁腳，他說在過去一直都支持國民黨的候選人；1993年的縣市長選舉，由於民主進步黨所推出的候選人陳唐學歷（超博士）、形象都很好，因此決定支持他，並積極為他動員（Ib7）。其他一些程派的樁腳，跟陳先生的模式相同（原本大多支持國民黨籍候選人），也認為民主進步黨縣長候選人陳唐是個人才，值得加以支持（Ib3；Ib4；Ib24）。比較特別的情形是，整體傾向支持國民黨的黃派，在縣長選舉時也有少數樁腳支持民主進步黨候選人。如一些樁腳認為陳唐先生是美國回來的博士，學問、操守皆很好，所以在選舉時支持他，即使面臨了派系領導者的遊說壓力（Ia10；Ia13）。上述這些說法皆表示，樁腳因為候選人本身的條件或是形象而支持反對黨，不考慮候選人的黨派可能與自己的黨派傾向或過去的支持模式不同。這些樁腳的政治支持基本上是屬於一種選人不選黨的模式。最後，在省議員選舉的部分。一些程派樁腳談到為何其支持的對象與領導者不同的原因。他們認為民主進步黨葉姓候選人具有溫柔的女性親和力，本身又是老師出身，形象不錯。而且其勤跑基層，廣泛接觸選民（Ib9；Ib10；Ib15；Ib23）。這種現象是因為樁腳對於特定候選人有一些形象的偏好。即使程派的領導者在省議員選舉時也支持民主進步黨的謝三，但由於樁腳自己本身已經有特定的喜好人選，因此其選舉支持對象仍與領導者不同。其他一些支持民主進步黨省議員候選人鄭國的樁腳（Ib2；13；19；26）也是類似的形象因素（Ib2；Ib13；Ib19；Ib26）。總而言之，上述所列舉的四種因素會影響一些樁腳的政治支持,而與派系領導者的支持對象不一致。這些與領導者之政治支持不一致的樁腳,皆是屬於「自主性」的樁腳。所謂的自主性(autonomy),是相對於領導者而言。如果領導者能夠要求樁腳與其支持相同的對象時,則樁腳就沒有自主性。因為樁腳有自主性,所以領導者也會開放樁腳在高層次選舉的政治支持。這些現象表示樁腳並不是完全依附在派系領導者的保護傘之下,也不是一個小零件完全配合地方派系這個選舉機器的運轉而行動。而是樁腳本身會有一些意識型態的想法、政策的立場、對於候選人會進行評估或是與特定的候選人建立直接的社會關係。因此,本文對於樁腳的理解,並不是像過去地方派系研究所談,認為其完全都是一些以情感為取向的社會人(social man)或是以利益為取向的經濟人(economic man)。事實上,也存在一些樁腳對於選舉議題、候選人形象或地方政策有自己立場之政治人(political man)[42],且會根據自己的政治認知為候選人進行動員。傳統的兩種看法,一種是把樁腳放在社會網絡中來思考,其與領導者之間有密切的連結關係。這是屬於一種社會人的模式,強調忠誠感。另外一種是認為地方派系領袖會提供利益給樁腳,樁腳會根據利益的獲得以交換政治支持及動員。也就是一種經濟人模式,強調利益交換。或是認為「樁腳」這個名詞的特殊意涵是專門指涉買票的行動者。因此,無論是社會連結的制約或是經濟利益的束縛之觀點下,樁腳都會受到這些因素的影響,去支持領導者以及依

---

[42] 就本文的個案來看,屬於自主性樁腳之政治人的例子大略情形是,黃派有四個樁腳,而程派有十五個樁腳。

據領導者的指示進行選舉動員。實際上，一些樁腳會因為內在的政治理念或是判斷，超越情感或是利益的束縛，去選擇自己的政治支持對象。在這裡對於政治、社會及經濟人所作的區分，只是一個理念類型（ideal type）。實際上一個樁腳可能同時具備這三種類型，只是哪一種是作為其行動的最優先考量。而本文的例子在於顯示，自主性的政治考量是一些樁腳在行動上較為優先的選擇。

過去地方派系的研究，對於樁腳不是完全強調忠誠的社會情感面向，就是把樁腳當作經濟人，用金錢、利益可以加以收買。事實上，根據急水鄉的研究已經不同於以往的觀點或是看法。在較傳統的社會中，因為交通不方便，使得鄉成為一個較封閉的整體。在這範圍中傳統價值（親屬、友誼）的拘束力較強，使得樁腳對於領導者有強烈的忠誠感。當社會從傳統過渡到現代以後，會出現社會動員的現象。社會動員是指涉一種變遷的過程，如居住習慣、職業、社會組織、面對面的結合、制度及角色、行動方式、經驗和期望、個人的記憶和習慣、需要新的團體歸屬模式及新的個人認同形象等等的轉變；這些傾向於是去影響，甚至是改變政治行為（Deutsch, 1961: 493）。因為歷經社會動員的過程後，這些傳統價值（親屬、友誼）漸漸的淡薄，於是派系的樁腳與領導者的政治支持，出現了不一致的情形。這種不一致現象的原因之一是因為出現了自主性的樁腳，且這種自主性可能是建基於樁腳自己內在的政治判斷和想法。

整個來看，早期台灣地方派系的領導者和樁腳是屬於恩寵依侍的連結關係。亦即,把派系領導者看成是一個恩寵者提供利益(物質及非物質),以交換依侍者(椿腳)動員選票的政治支持。但這種恩寵依侍關係,與人類學者所談的傳統恩寵依侍關係有所不同。傳統的恩寵依侍關係,主要是建立在農奴與地主之經濟不平等的結構上,而現代的恩寵依侍關係,主要是在選舉的結構下所維持。基本上,選舉制度改變了恩寵依侍關係的結構面向,依侍者因為擁有選票,使得其與恩寵者的連結,不像傳統關係那麼的不平等。誠如政治學者 James Scott(1972: 125)所言:「一個現代的恩寵者,可能有一些強制的權力及正式職位的權威,但假如用這種力量和權威,來命令可能不足以確保其他人的順從,而且恩寵者和依侍者之間權力的不平衡並不是如此的大,以致於去允許一個純粹的命令關係」。引申來說,地方派系領導者與椿腳之間,的確存在著資源不平等的情況,如派系領導者比椿腳掌握更多的資源。但由於椿腳本身,也掌握了一些選票以及具備選舉動員能力,因此領導者並不能完全強制所有椿腳的政治支持或是行動趨於一致。雖然這種恩寵依侍關係,在形成的初期會用資源(實質和非實質)交換及傳統價值(親屬、友誼等)等機制來維繫,使得椿腳與領導者之連結關係較為緊密,其政治支持行動也較為一致;但這些機制在面臨社會現代化之後會漸漸失去其原有的影響力,使得資源交換傾向變成短期,且傳統價值趨向薄弱(Wu, 1987: 252)。在這種情況的轉變之下,對於派系的運作會產生關鍵性的影響。如一些派系研究指出地方派系在歷經政體轉型之後,中下和基層的幹部動員能力減弱(陳華昇,1993:206)。基本上，派系動員能力減弱的原因之一，可能是由於派系領導者對於基層的樁腳不具有完全的強制力，其不能強迫所有的樁腳進行協同一致的政治行動。

為何派系的領導者不能強制，或是命令所有樁腳的政治行動協同一致？從上述的經驗資料，大致可以得出幾個原因。一、現代社會的資源不再具有稀少性，一些更高層的領導者或是候選人，可以提供比樁腳所屬派系領導者更多或更有價值的資源。亦即，樁腳可以連結的恩寵者變得較多，一個樁腳可能會有一個以上的恩寵者[43]（地方派系及更高層的領導者）。二、樁腳的自主性變強，有自己的政策立場，或對於特定候選人有形象偏好，不會被領導者完全左右。三、一些樁腳擁有不同團體的成員身分。當樁腳受到其他水平團體較大的影響力時，則派系領導者無法強制樁腳的支持。四、派系領導者自己競選時，需依賴樁腳動員選票支持，在這種考量之下，領導者不會極力要求所有的樁腳與其支持相同的候選人，以免樁腳反彈破壞原本的合作聯盟關係。在過去的情形，派系領導者可能訴諸於傳統的情感，要求樁腳支持對象與其一致，而現今卻轉變成領導者，只會對於那些無特定支持對象的樁腳加以要求。上述這些原因使得樁腳和領導者的關係，迥異於以往派系研究所理解的統屬或是強制的關係。雖然如此，地方派系的樁腳和領導者，還是存在一定

---

[43] 政治學者 Landé（1977: xx-xxi）認為在恩寵依侍關係中具有相互排斥性，沒有一個依侍者會有超過一個以上的恩寵者。事實上，這種相互排斥的情形，只能指涉敵對派系之間的競爭狀況。在本文的個案中，基層的樁腳可能與不同層級的恩寵者進行連結，使得依侍者有超過一個以上的恩寵者之例子發生。

程度的忠誠關係，如領導者本身出來競選或是派系有推出候選人時，則派系會極力要求所屬樁腳的支持和動員，如本個案中黃派、程派在鄉鎮長、縣議員選舉之支持情形。亦即，在鄉鎮長、縣議員的基層選舉中，樁腳會與領導者的支持對象會趨向一致。這也是為什麼是這一群人可以被認定其是屬於派系樁腳的原因。而所謂的忠誠關係，通常只侷限在樁腳與派系領導者的直接關係，如果是屬於領導者所支持的對象時，則此忠誠關係相對會減弱。

在台灣不同層次的選舉頻繁的進行，政治競爭日趨激烈，使得高層次的候選人也必須依賴基層的樁腳來為其動員。亦即，候選人不只是取得派系高層幹部奧援的承諾，也必須滲透到地方社會與基層樁腳進行直接的連結，是一種大小樁腳並立的現象。這種情況之下，使得地方派系的運作產生了一些變化。只有一部分樁腳與領導者支持相同候選人之不完全動員以及樁腳的連結關係變成複雜而多元，且在不同選舉時出現部分地方派系樁腳支持的轉移與重組。樁腳的政治支持，不再是過去地方派系認為的固定忠誠關係或統屬關係，而是以一種變動的方式在進行政治的動員。因此，我們應以一個較為動態的觀點來加以詮釋與掌握地方派系，而不是把地方派系的政治支持活動，看成是一個機械式的政治機器，隨領導者的指示和命令來運轉，這樣的話才能清楚理解基層地方政治的面貌及圖像。

柒、樁腳的選舉動員

上一節我們談到，樁腳與地方派系領導者，為何會出現不一致的政治支持。接著我們將焦點降到樁腳和選民這個層次，談樁腳的選舉動員。主要談三個面向：一、誰是樁腳？二、樁腳在平時如何與選民建立社會關係？三、樁腳如何動員選民的過程？。首先，讓我們先了解「樁腳的社會位置」。

根據 Jacobs（1980）在台灣媽祖鎮所作的研究，地方派系的組成基礎是所謂的「關係」。關係是指地緣、血緣、同事、同學、結拜兄弟、姓氏、師生、共同的經濟夥伴、公共關係等九種基礎。如果一個派系以九種方式來增補其成員，則地方派系樁腳的社會位置，應該不只限於行政職位或是農會代表。另外，早期的研究認為，民主進步黨不是以派系和政治幫助來增補選民，而是以意識型態的認同為主要的訴求（Bosco, 1992: 162）。但是近年來，反對黨的選舉動員也積極地發展基層組織及建立與地方派系相似的動員系統，強化其進行組織戰的力量（陳華昇，1993：202）。這種所謂和地方派系相類似的動員系統，指的就是反對黨也開始慢慢建立所謂「樁腳」的組織。

地方派系的樁腳是最直接接觸選民的派系成員，一般的用法認為樁腳是指買票系統的特殊角色。這裡指涉樁腳的意義較廣，包含地方派系和反對黨積極動員的行動者。本文想去觀察誰是樁腳，他們在政治或社會組織的背景是什麼。根據擔任鄉長的黃派領導者之說法，黃派在每個村莊大約有四、五個樁腳，因急水鄉有十六個村，所以樁腳總數大約有七、八十位。而其年齡層的分布以四、五十歲居多，大約占七成。其餘的樁腳是由三、四十歲的人擔任，這些較年輕的椿腳,是由於他們選擇鄉村作為謀生的地方,沒有外移到都市地區去。而關於派系椿腳的社會組成,各行各業的人都有。有的是農民、村長、農會代表,也有一些是生意人。沒有擔任任何行政職務或是農會代表的人大約有二、三十位,這些人因為有較好的地方聲望或是經濟基礎,所以也能擔任椿腳的角色(Ia1)。另外,一位擔任村長的黃派椿腳也談到,地方社會存在一些不擔任行政職務的人,之所以成為椿腳的理由:「有一些椿仔腳是不擔任任何公職;他們人氣好,說話有人要聽,平常做人做事得人和;一般來說,鄉村的椿仔腳以作實人(農民)比較卡多」(Ia6)。

這段話表示椿腳不一定要由行政或是社會組織職務的人來擔任。如果在地方社會有良好的人際關係也可能成為椿腳。

捌、椿腳如何與選民建立社會關係

國內投票行為研究運用歐美民意或投票理論來解釋台灣的選民,已經獲得相當豐碩的成果和貢獻。大體上,相關的研究都是從個人的政治態度或認知出發,去探討影響選民投票決策的重要因素(吳乃德,1993;徐火炎,1991;游盈隆,1993)。這樣的途徑和方向似乎有些不足,正如同少數一些學者洞見地認為不能夠忽視社會關係對於政治動員的重要性(張茂桂、陳俊傑,1986)。亦即,我們必須把選民擺在其所處的社會關係網絡中來加以分析。基本上,本文的目的並不是去評估社會關係對於選民的投票行為有多大的影響。而是有一些人(椿腳)在運用社會關係進行動員,我們想透過訪問去描述椿腳在平時如何與選民建立社會關係。根據一些派系研究指出，在台灣地方社會中，基層樁腳會利用平常的社會關係網絡來進行選民的選舉動員（莊英章，1971：226；陳華昇，1993：220；蔡明惠，1987：127）。而樁腳與選民建立社會關係的方式大致上有兩種：一是施加恩惠；二是解決問題或是排解糾紛。在傳統的鄉鎮地區，人情味較為濃厚，樁腳會透過施加恩惠的方式，如免費載送、免費治療、參加婚喪喜慶等來建立社會關係。如下面一些樁腳談到：

> 本身開自用的計程車行（無計程車牌），平常會免費載送貧苦、生病之人去都市看病；因為這款的緣故，很多人都對我很熟識及清楚我的做人。在我選鄉民代表時不用花錢買票就高票當選。（Ia2）

> 在路中看到歐吉桑用走路時，會主動載他。（Ia8）

> 本身會國術的功夫，免費替從事農業的村民推拿治療酸痛（Ie2）。

> 在鄉村如娶新娘、謝神、過世等不管好事、壞事都要去才能建立感情（Ia6）。

上述四段引文都屬於施加恩惠的方式，平時建立這種良好的社會關係，在選舉時才可能轉化成政治支持。除了施加恩惠之外，還有替人解決問題或排解糾紛的方式。當村民遇到一些問題或是糾紛時，會尋求有能力的人替其解決。地方

社會的樁腳,通常會擔任解決問題或排解糾紛的工作。如撰寫文書、急難救助、車禍調解、維修機器等:

> 免費幫村民撰寫文書,或是處理土地糾紛。(一位擔任代書的樁腳Ia3)

> 如果家境困難的會幫忙爭取慈善基金進行急難救助。(Ia9)

> 我擔任調解委員已經多年,專門替地方的村民調解問題;有時候遇到車禍賠償金額講不攏時,做中人的我只好拿錢出來補不足的部分,讓兩方都能接受。(Ib3)

> 我先生在台電公司服務;因為以前鄉下有許多農民用一種自動式的蕃薯機,這種機器的保險絲很容易燒斷,我先生常常免費替人修護,於是這些人在我選代表時都極力支持。(一位擔任代表的女性樁腳Ib6)

以上是列舉每個樁腳自己一部分的社會關係如何建立的情形。這種社會關係在平常日積月累,選舉時會轉化成政治的影響力。根據一些樁腳的描述,有的最少可以影響五十票(Ia3),甚至到一、兩百票(Ia6;Ib5)的實力。派系領導者如果經由這樣的樁腳來動員,其力量相當可觀。由於急水鄉的農民，占就業人口數中相當大的比例。而在選舉時，主要是由擔任農會代表的樁腳進行農民方面的動員（Ic1）。農民為何會聽從農會代表的動員，支持地方派系所推薦的候選人？以下是一位農會總幹事的看法：

> 農會代表對於農民有影響，平常會協助農業推廣及宣導一些會務，而且農會代表是農民選出來的，為農民的「偶像」；選舉時，除非農民有個人立場，否則會聽從每天接觸的農民代表。（Ic1）

農民代表平常會宣傳農會所推廣的政策，幫助農民耕作的順利進行。所以農會代表與農民，也是屬於一種密切的樁腳和選民之社會網絡關係。另外，根據一項研究指出，亞洲地區水稻精耕的作業方式，使得農民的工作多半是在居住地附近；農民融入社區人際網絡的程度要比其他的行業來得深，而有利於樁腳的動員（陳明通，1994：7）。農民因為工作環境，融入社區人際網絡相當深。再加上農會代表對於農民有影響力，使得農會成為地方派系中重要的動員系統[44]。過去的地方派系研究，假定樁腳與選民是恩寵依侍的關係，兩者之間是以資源交換作為維繫的基礎（王振寰、沈國屏、黃新高，1994）。這種觀點的基礎可能是源自於推論的預設，

---

[44] 根據農會總幹事的說法，他替省議員候選人顏女士動員。選舉結果獲得兩千多票，在急水鄉這個選區排名第二，只輸給民主進步黨的女性候選人（Iel）。作者翻閱選舉資料，顏姓候選人得到 1,938 票，與其說法相差不遠。另外一個現象是同派系的鄉長，支持的省議員候選人只得 1,306 票。由此看出農會動員力量相當大。

而沒有以經驗的資料作為佐證的支持。另外，這種說法強調椿腳和選民的交換，並沒有仔細說明兩者之間是交換什麼。本文想透過椿腳和選民所建立的關係，去看其本質是否為交換。根據上述一些椿腳所談的施加恩惠（免費載送、免費治療）的引文來看，基層社會的椿腳和選民的關係，存在著人情味和情感的成分，不完全是單純的交換關係或是幫助。而且這種基層的社會關係與政治資源並不完全是冷酷的、單純的、工具性的，以及更不具有意識型態性。人作為一個個體，是活在多樣的社會中。在這樣的社會中，包含著理性和情感的層面。因此，在地方基層的政治行為中，理性和情感的層面是交織在一起的，並非是單純的經濟理性之交換關係。如果把這些人與人之間的聯繫皆以交換關係來指涉，會流於過於廣泛而沒有意義，因為很多人際的往來（如感情、友情）很可能在某種程度上都可以看成是交換關係。所以，在地方社會上的人際互動（椿腳與選民），並不是單純的工具性交換關係，而是存在著情感的成分。

　　整體而言，椿腳在地方社會上有良好的人際關係，這種平常所建立的社會關係，能夠在選舉時轉化成政治支持。由受訪椿腳所建立的社會關係來看，這一群基層的政治行動者平常在地方社區會做一些社會服務的工作，因此本身具有良好的人際關係和聲望。有良好的人際關係和聲望，選舉時才可以利用這些條件去進行動員。這也是為什麼是這一群人而不是另外一群人，會受到地方派系領導者吸納成為椿腳之理由。另外，這種具有良好人際關係的椿腳，是一般所謂的好鄰居、好人或是急公好義的人。他們在地方社會是屬於一種自然領袖（natural leader）的角色，活動力較強，這種活動力也會表現在選舉的政治動員上。

一、樁腳如何進行動員的過程

早期對於地方派系動員的研究，談到樁腳利用社會關係網絡有效的估計其所掌握的選票（Bosco, 1992），或是談到樁腳如何把買票的錢送到選民的手中（王金壽，1994；吳俊昌，1993）。我們想透過一些田野資料的補充，來進一步掌握樁腳如何進行選舉動員的過程。以下將分成幾個層面，如樁腳的角色、樁腳動員的對象、樁腳動員的機制、樁腳動員的內容和方式、樁腳的特殊任務等，來討論樁腳如何進行選舉動員的過程。（一）樁腳的角色。樁腳在地方派系扮演什麼角色？選舉前夕，派系會進行非正式的樁腳會議。在會議中，派系領導者通常會為候選人宣傳及動員（Ia1；Ib1）。通常領導者對於樁腳下達動員的要求，樁腳再利用自己的社會網絡動員選民去支持領導者，或是領導者所奧援的候選人。這種情況之下，台灣地方派系的樁腳類似日本選舉研究中所談的意見領袖的角色。這種意見領袖的影響力之所以增強，是由於個人的社會連結是有意識的，而不是偶然的被激發去散布特定候選人的訊息（Flanagan, 1991: 157）。亦即，台灣地方派系的樁腳會有意識的利用自己的社會網絡連結，來進行選舉動員。（二）樁腳動員的對象。樁腳動員的對象是地方社會的選民。而傳統鄉鎮因為交通及傳播的有限性，造成一些派系領導者所談的地方選民的「特殊性」。即地方社會的一些選民與都市選民不同，他們可能只知道候選人的名字、所屬政黨及競選號碼。如下所述：

鄉下的選民比起都市的選民較盲目,有時一個地方的選民,可能只知道候選人的政黨、名字、競選的號碼;對於候選人的長相、學歷條件都不太清楚,其他的特質或是優點通常是由樁腳來加以宣傳。(Ial)

這種特殊性,使得樁腳可以透過宣傳的方式來加強選民的印象。而樁腳在自己的社會網絡中,所能宣傳動員的選民,大致上可以分成兩種:一種是「固定票」的選民、另一種是「中立票」的選民。所謂固定票,是指曾經接受派系幫助或恩惠的選民。一位擔任村長的黃派樁腳談到:

固定票的人就是死票,這些人與我交情比較卡好;平常時有困難,派系就去替這些人跑(解決)……如果要爭取建設經費,會透過我去處理,向派系領導者反應。(Ia6)

固定票的選民是因為在過去曾經得到派系領導者,或是候選人的恩惠幫助,所以在選舉時會交換選票支持。這些與派系成員維持恩寵依侍關係的選民,可以稱之為派系的選民[45]。除了固定票的選民之外,另外是所謂中立票的選民。

---

[45] 本文的派系選民,是指與派系成員維持恩寵依侍關係的選民,與政治學者陳明通(1994:5-6)的界定不同;他認為,派系的選民不必然有,通常的情況是沒有派系認同;派系選民沒有政黨偏好,他的黨派選擇端視樁腳的指示和動員;派系的選民缺乏政治的認知,也不關心政治。

中立票的選民是指在社會網絡中與樁腳的連結關係較弱的人，但爭取這些選民的選票對於選舉的結果影響很大。一位擔任村長的樁腳談到：

> 中立票就是與我交情較沒有那麼好的人；這些人不管票會給我們還是不會投給我們，我都會去拜訪；而且中立票的人，是我去拜訪他們時，不會與我互相爭論；不論樁腳甲或是樁腳乙的意見這些選民都會聽，選舉到了他們才會決定投給那個候選人；如果兩位樁腳都去鼓舞（拜訪遊說），投票決定需要看這位選民與哪一位樁腳的關係較密切；選舉的勝利主要看中立票的爭取。（Ia6）

影響「中立票選民」的投票決定的因素，是看哪一位樁腳與特定選民的關係較為密切。每個樁腳都會有一些固定票和中立票，選舉時看哪個派系能夠掌握這兩種選民的票數愈多，愈能獲得選舉的勝利。另外，樁腳在進行選舉動員時，仍然會有一些選民會抵制。這些選民大部分是與樁腳不同派系色彩的人。一位擔任鄉民代表的樁腳談到：

> 我推銷甲候選人的好處，有的選民就會說乙候選人的好處。大家拿出來理論，會形成公斷；這種情形是派系分別，會拿出來理論的選民就不是同派系和相同的支持對象。（Ia2）

這段話表示樁腳在動員的過程中,並不是所有的選民皆聽從樁腳的訴求。有一些是支持其他派系或是不同候選人的選民,會與樁腳進行爭論。最後,從樁腳動員的選民類別來看,樁腳主要的著力部分,還是放在那些與樁腳本身社會連結較弱的選民。而與派系維持交換關係的選民,基本上會與派系支持相同的對象。另外,由於不同派系的樁腳之社會網絡有重疊的部分。因此,這些重疊部分的選民之選票爭取,必須視哪一派系的樁腳與特定選民的關係較為密切而定。關係愈密切,影響力愈大。再則,當樁腳在進行動員的過程,不一定很順利,可能會遭受到支持其他派系選民的抵制。
(三)樁腳動員的機制。樁腳動員的機制是指樁腳如何利用自己的社會網絡[46]進行選舉動員。根據過去地方派系的研究,樁腳是一個熟知親屬網絡和個人友誼關係的人(Bosco, 1992: 168)。實際上,樁腳不僅是熟知親屬網絡和個人友誼關係的人。而且會判斷地方選民之政治支持或反對的可能傾向,以此作為選前的估票依據。下面是一位曾經替候選人操盤的樁腳進行選舉評估的情形:

> 曾經替候選人(鄉民代表選舉)操盤,選前把選舉名冊分成三級;一種肯定支持的畫圈,一種是可能一半支持、一半反對的畫三角形,最後一種完全不可能支持的畫叉;在選舉前一天晚上估計會過關(主要是看肯定支持的票,在加上把可能一半支持

---

[46] 社會網絡可以被界定為形成人與人之間關係的社會領域;所有的個人發現他們自己在一個特定的領域,可以直接間接接觸到其他人(Mayer, 1977: 43)。

和一半反對的選民以一半的票數計算），便回家睡覺，明天開票出來的結果與先前的評估相差不遠。（Ib2）

基本上這位樁腳對於地方的社會網絡相當熟悉，而且大約知道這些選民可能的選舉支持或反對的傾向。如果肯定支持的選民和中立選民人數的二分之一達成一定比例的選票時，則依此評估該候選人會當選。另外，他談到現代選舉動員的困難和複雜的情形：

以前的選舉交代一個樁腳就可以獲得一些選票，現在的選舉有時連一家人支持的對象都不一樣；所以樁腳必須要知道這個人是屬於什麼派系的、什麼人可以影響這個選民、到底兩者有什麼親戚關係；這樣的情況之下，動員比以前困難的多。（Ib2）

這位樁腳所描述的選舉動員方式，比之於過去的粗略方式是屬於更細部的動員。樁腳必須熟悉每個選民的支持傾向，且運用一些對於特定選民有影響力的人幫忙樁腳進行動員。由於每次選舉，樁腳皆利用社會關係在進行動員，可能會出現動員疲乏的現象。另外，一些由於是初次進行動員的樁腳，反而有奇佳的效果。下面是一位派系領導者的說法：

一些不曾動員選票的人，偶爾出來一次，效果會很好；這種情況已經試了幾次履試不爽，因有時常常動員太頻繁,有人會知道你固定在為誰動員,會偷扯後腿;而且每次都是你在拿主意,選民會有反抗的心理。不過儘管如此,雖然樁腳每次在動員,但效果皆不錯。(Ib1)

　　為何會產生動員疲乏的現象,除了上述的選民反抗心理,另外一個原因是常常利用社會關係網絡進行選舉動員的效果也會打折扣。這也是為什麼過去很少出來影響別人投票的人,其初次的動員反而會有很好效果的理由。整個來說,這種動員疲乏的現象呈現出什麼樣的意義?基本上,樁腳和選民的連結主要是以社會關係為基礎。樁腳在運用這種社會關係的基礎去進行政治動員時,並不能保證全面性和有效性,因此會產生動員疲乏的現象。另外,這種動員疲乏的現象,也凸顯出選民是處於比較優勢的地位,能夠進行自主性的判斷,而且樁腳和選民彼此的地位是較為平衡的。因此,這些樁腳所無法掌握的選民並不是一個依侍者,而是一個會進行討價還價、談判妥協的政治行動者。如果,樁腳和選民的關係是如一些派系研究所談的依侍關係,則選民基本上還是會聽從樁腳的指示。

　　自上述的資料來看,基層的選舉動員必須透過樁腳所熟知的社會網絡,一個拉一個,有效的掌控選民的支持。而且在社會網絡中,樁腳可能會運用一些對於特定選民有影響力的人來幫忙其進行動員,這樣的方式能夠擴散(diffuse)到那些樁腳無法直接影響的選民。另外,社會網絡如果運用的太頻繁,會因為遭受選民的抵制在動員效果上打一些折扣。而不會運用社會網絡進行動員的人,其初次進行動員的效果反而會很好。

二、樁腳動員的內容和方式

動員的內容是指在選舉前,樁腳用什麼內容向選民作訴求。這種動員的內容會影響到選民的投票決定。一位支持國民黨的黃派樁腳說,他向選民推薦都是以候選人的「條件」為主,很少以政見作為主要的訴求。這位樁腳談到:

> 大部分攏是訴求及推銷候選人的好處;以省長來講,候選人宋楚瑜過去做過新聞局長,做事情很負責任,有工作能力;或是,訴求候選人的背景;如果候選人若當選,因為他與一些政治人物(縣議員、省議員、立委)熟識,比較有機會爭取到建設;在市內看政見,在鄉村政見比較卡無效……選民如果想爭取什麼建設,可以反應;但是具體的建設不敢講,怕說一說做不到,會被選民罵。(Ia6)

為國民黨候選人動員的樁腳,基本上是以候選人的經歷,或是爭取地方建設的背景作為訴求的依據。而對於具體的建設,通常不敢承諾,只是提供選民一種所謂希望的因素[47]。另

---

[47] 政治學者 Chubb(1981: 114)以義大利的政黨機器研究作為例證,認為恩寵依侍關係不必然依賴資源的持續提供,有時候只是提供依侍者一種希望的因素。地方派系的樁腳提供給選民不一定是具體的建設承諾,只是其會向派系領導者反應。這種向領導者反應即是 Chubb 所談的希望的因素。

外，為反對黨候選人動員的樁腳，主要是以批評政府及政策的議題作為訴求。一位替民主進步黨動員的樁腳談到：

> 鼓吹（拜訪遊說）選票時，主要批評國民黨貪污、腐化很嚴重；民進黨的老人年金，比較卡會替老百姓想。我本身是公務人員，說政府的缺點，鄉村的農民比較會相信。（Ie2）

　　這位替民主進步黨動員的樁腳，基本上是利用自己切身對於國民黨的感受，向選民做批判性的訴求。另外，有一些過去支持國民黨候選人的樁腳，因為候選人的形象，轉而支持民主進步黨所提名的縣長候選人。他們基本上向選民所訴求的動員內容是，縣長候選人陳唐從美國回來，是超博士，學歷、形象都很好（Ib3；Ib4）。從上面所描述的，樁腳在動員選民時所訴求的內容來看。支持國民黨候選人的樁腳，主要是以候選人過去的經歷或是爭取地方建設的能力為重點。支持民主進步黨的樁腳主要是針對結構性的批評、選舉議題或是候選人清新的形象為主。這些現象顯示出樁腳不只是依賴單純的社會關係或是交換關係，在動員上必須要做政治說服的工作，不同派系或是政黨樁腳的說服工作，可以反映出政黨不同的定位。亦即，基層的社會力量也必須放在政黨的定位去進行選舉動員。而動員方式是指樁腳以何種方式來進行選舉動員。根據派系領導者和樁腳的描述，有參加聊天的場所、直接拜訪選民、參加婚喪喜慶時、在開會的場合發言等等方式（Ia1；Ia6；Ib2）。基本上，樁腳會用所有可能的管道來為候選人進行選舉動員。

三、樁腳的特殊任務──買票

買票現象普遍存在台灣的社會中[48]。為什麼在台灣的地方社會中，買票是有效的？是因為一部分選民認為如收到錢不去投給該候選人時，良心會不安；另外一項原因是與買票的機制有關，買票必須利用社會的網絡才能進行及發揮效用（王金壽，1994；涂一卿，1994）。通常買票的工作主要是由樁腳來擔綱，下面是一位樁腳描述社會關係和買票之間的連結：

> 和選民平常有在作夥，與我們走同一條路線，還是在娶新娘、婚喪喜慶之下建立感情；買票也要透過社會關係，有交情買才有效，票會給我們的就是會給我們，不給我們的就是不給我們。（Ia6）

社會網絡不一定保證買票的全面有效性，但透過這種社會網絡的關係至少會聚集及鞏固一些票源。因此，樁腳和選民之間的關係可能是社會關係的連結，而不完全是所謂的恩寵依侍關係[49]。原因是買票從表面上來看是利益的交換，

---

[48] 從 Jacobs（1980）到 Bosco（1992）、吳俊昌（1993）及王金壽（1994a）等，對於買票研究的證據至少有十四年以上，跨越威權統治和自由化之後。事實上買票的時間起源可能更早。

[49] 本文不排除一部分的樁腳和選民是依侍關係。一位樁腳談到：「有一些選民選舉時接受我的推薦；候選人當選以後，這些選民會向我討人情，要我幫忙他們解決所遇到的問題；不過其他的選民有問題時，會利用自己的社會關係去解決；討人情的選民還是少數」。（Ia6）這些會向樁腳討人情的選民，如果樁腳或是派系領袖有幫忙其解決問題的話，則選舉時可能會交換選票支持。這一部分的選民與樁腳的連結是所謂的恩寵依侍關係。

但這種交換的有效性是建基於樁腳和選民之間的社會情感。如果單純從買票行為來考量是如一些學者所稱的，屬於侍從主義中恩寵者和依侍者的關係（王振寰、沈國屏、黃新高，1994：20）。但實際上，是社會網絡在串連他們之間的互動，不能過度把依侍主義的意涵推論到樁腳和選民這個層次上。政治學者 Bosco（1992: 169）也論證樁腳和選民的連結，不必然是依侍主義的形式。歸納來說，樁腳的任務之一可能是在地方派系這種政治機器中負責傳遞金錢給選民，其依賴的管道是自己建立的社會網絡或是社會關係，並以此來幫助領導者和候選人達成他們的目的。因此，不只是選舉動員透過社會關係來進行，連民主腐敗的制度（買票）也必須以社會關係作為憑藉，以買票來連結社會和政治的場域。這些現象也深刻的反應出，地方社會是以情感而不完全是以理性作為政治行動的本質。

這一小節主要是談樁腳如何進行選舉動員的過程。歸納來說，樁腳從領導者口中得到為某個候選人動員的指示，然後把這個指示傳播給與樁腳有社會連結的選民。而樁腳動員的主要重點是擺在那些與其連結關係較弱的選民，如果樁腳無法直接去影響這些選民，會透過其他有影響力的選民幫忙。且樁腳會以各種方式如拜訪、聊天等進行動員，動員的過程中樁腳會介紹候選人的條件或能力給選民認識。有時樁腳也會利用自己熟悉的社會網絡進行買票的任務。這些過程表示地方派系不是單純的買票機器，而且樁腳也不只是把錢送到選民手中的基層行動者而已，樁腳會積極地做第一線的政治遊說工作。這樣的看法是超越樁腳，作為經濟人侷限性思考，而認為樁腳在實際的選舉動員過程中擔任政治宣傳和遊說的工作。

玖、結論

地方派系普遍存在於台灣的地方縣市或鄉鎮之中，因此吸引許多研究者投入地方派系的研究。不過，過去的地方派系研究大多是談國民黨與地方派系的關係，或是派系之間的衝突合作，很少從派系內部加以觀察或分析。其中可能的原因是牽涉到政治的敏感或是管道的獲得，使得研究派系內部的作品如鳳毛麟角一般。

本文主要是以鄉鎮的地方派系作為研究的範圍，透過對於鄉鎮派系領導者和樁腳的深度訪談資料來加以分析。研究的問題意識是地方派系的政治支持和選舉動員。而且本文把研究焦點放在樁腳這個層面，往上觀察樁腳和領導者的政治支持對象以及往下描述樁腳和選民的選舉動員過程。主要的發現可以分成兩個方面。一是政治支持方面；二是選舉動員方面。就樁腳和領導者的政治支持對象而言，急水鄉兩個派系呈現出三種支持情形：一、在基層選舉時，兩個派系內部的支持對象相當一致。而在高層次的多席位選舉（立委選舉）時，黃派無特定的支持對象。另一程派的情形是在立委、縣長及省長或是省議員選舉時，領導者和部分樁腳的支持對象不一致。二、黃派及程派的領導者同時為兩個相互競爭的候選人進行選舉動員。三、兩個派系的領導者在多席次的選舉中，可能支持相同的一位候選人。這些現象顯示出地方派系並不是一個協同一致的政治機器，其政治支持會出現分割性。而樁腳和派系領導者呈現不一致的政治支持之主要原因有四：（一）樁腳與候選人直接建立社會關係的連結；（二）政黨或是社會團體的影響；（三）議題或是政策的影響；（四）候選人的條件或形象。這些與派系領導者支持不同對象的樁腳是所謂自主性的樁腳。由於地方派系存在著自主性的樁腳，使得急水鄉的研究發現不同於以往的觀點或是看法。綜合來說，對於樁腳的理解，並不是像過去地方派系研究所談的，認為其完全都是一些以情感為取向的社會人（social man），或是以利益為取向的經濟人（economic man）。事實上，也存在一些樁腳是對於選舉議題、候選人形象或地方政策有自己立場之政治人（political man）。這些樁腳會依照自己的政治認知或判斷，不完全根據領導者的指示，來為候選人進行動員。

就樁腳和選民的選舉動員方面而言。樁腳之所以能夠動員選民，需依賴平常所建立的社會關係。然後在選舉時樁腳利用自己熟悉的社會網絡替領導者或是候選人宣傳，並透過政治遊說的動員，或是佐以金錢買票來鞏固其所能接觸的地方選民。這些過程表示，樁腳不是只有把錢送到選民的手中就算完成選舉動員了。樁腳必須在平時與選民維持互動的關係，選舉時善用自己的人際網絡，再加上實際去接觸選民時，進行政治訴求的遊說工作。有時樁腳會以買票的方式來進行動員，而這種特殊任務只是一種增強或鞏固原本與選民社會連結的「禮物」。

最後，就本文研究的兩項主題地方派系的政治支持及選舉動員來看，主要是擺在選舉脈絡的考量下去進行觀察和分析。對於這種政治支持及選舉動員的研究可以歸類成是派系的選舉行為研究，與一般選舉研究所關懷的選民之投票行為不同。基本上，我們的出發點是認為在進行投票行為之前，會有一些重要的選舉動員過程，在研究上值得加以重視。

本文是針對鄉鎮地方派系所作的一個個案研究。這樣的研究會遭遇到三種限制。一、限於個案的數目，只能做觀察和描述的工作，不能進一步達成社會科學所要求之解釋和推論，甚至是比較研究的目標。二、由於資料取得是用深度訪談的方法，作者個人主觀的想法會影響資料的收集。而且本研究沒有配合參與觀察的方式，直接進入地方派系或是居住在地方社會實際的了解派系領導者、樁腳和選民的政治活動。三、由於受訪時間的侷限（作者以六個月進行田野調查的訪問），不能接觸到更多的樁腳，收集更豐富的資料以進行其他重要問題的分析。對於這些限制之有效解決方式是以相同的關注點進行不同個案的觀察，而且以較長的時間，配合親身的參與觀察方式做田野資料的收集。這樣才能對於基層政治的原貌做深入的了解和探究。

地方派系在民主轉型之後，並沒有消失在地方的政治舞台中。我們想以本文現有的資料作為一個起點，來討論地方派系的政治支持和選舉動員，對於台灣的政治發展有何影響。從急水鄉的個案來看，有一個派系（程派）傾向支持民主進步黨。顯示民主轉型之後，派系不完全是執政的國民黨之選舉機器，反對勢力也獲得地方派系的奧援。另外，地方派系中存在一些自主性的樁腳，會因為選舉議題或是候選人形象轉而支持民主進步黨。如果地方派系的樁腳都是傳統所強調的與領導者維持情感的社會人，或是以利益為主軸的經濟人，則無法解釋一些反對黨的候選人得票高或當選的原因。從這些現象來看，對於反對黨的發展可能會有一些助益。不過，反對黨應該選擇對於選民有吸引力的議題，以及提出形象好的候選人，才能吸引樁腳或選民的政治支持。

在本文的個案資料中，地方派系的樁腳與特定的候選人維持著交換的關係，候選人答應提供建設經費給樁腳，以交換選票的動員和支持。另外，從樁腳和選民的層面來看。一些支持國民黨的樁腳在進行選舉動員的時候，會向選民訴求候選人有提供行政資源的能力。這兩種情形表示，國民黨仍持續提供行政資源的恩寵，選擇性的分配給鄉鎮的地方派系，再透過樁腳的宣傳以吸引選民的支持。因此在民主轉型之後，反對勢力如何在這種行政資源的優勢下，突破種種的限制應成為其主要的思考方向之一。相反地，對於執政的國民黨而言，這種行政資源的恩寵是其繼續執政的有利利器之一。

參考書目

王金壽,1994,〈國民黨候選人選舉機器的建立與運作〉。新竹:國立清華大學社會人類學研究所社會學組碩士論文。

王振寰、沈國屏、黃新高,1994,〈誰統治地方社會:高雄縣個案研究〉,發表於地方社會與地方政治專題研討會。台中:東海大學社會學系暨研究所。

王清治,1985,〈從北門出發——台南縣政治勢力的演變〉。時報雜誌編輯部編,《台灣地方勢力的分析》,頁169-188。台北:時報文化。

吳乃德,1993,〈社會分歧與政黨競爭:解釋國民黨為何繼續執政〉,發表於「民主化與政黨競爭:何以國民黨繼續執政?」小型專題研討會系列之九。台北:中央研究院民族學研究所行為研究組。

吳俊昌,1993,〈賄選行為之研究——從交換理論分析〉。高雄:國立中山大學中山學術研究所碩士論文。

李旺台,1993,《台灣反對勢力(1976-1986)》。台北:五千年。

苗蕙敏,1991,〈台灣地區地方選舉中派系所扮演的角色及其影響:七十八年屏東縣縣長選舉個案分析〉。台北:國立政治大學三民主義研究所碩士論文。

徐火炎,1991,〈政黨認同與投票抉擇:台灣地區選民的政黨形象、偏好與黨派投票行為之分析〉,《人文及社會科學集刊》,4:1,頁1-57。

涂一卿,1994,〈台灣地方派系之社會基礎:以嘉義縣地方派系為例〉。台中:東海大學社會學系博士論文。

張茂桂、陳俊傑,1986,〈現代化、地方派系與地方選舉投票率之關係──自由派理論再檢討〉,發表於投票行為與選舉文化研討會。台北:中國政治學會。

莊英章,1971,〈南族的宗教與地方自治〉,《中研院民族學集刊》,31,春季號,頁213-233。

陳明通,1994,〈尋找派系選民〉,發表於民主化、政黨政治與選舉研討會。台北:台灣政治學會。

陳明通、朱雲漢,1992,〈區域性聯合獨占經濟、地方派系與省議員選舉:一項省議員候選人背景資料的分析〉,《人文及社會科學集刊》,2:1,頁77-99。

陳華昇,1993,〈威權轉型期地方派系與選舉之關係:台中縣地方派系之分析〉。台北:國立台灣大學政治研究所碩士論文。

游盈隆,1993,〈台灣選民的議題取向投票:二屆國大選民的分析〉,發表於選舉行為、憲政秩序與政治變遷研討會。台北:台灣大學法學院。

蔡明惠,1987,〈現行台灣地方自治實施下之地方權力結構──河口地方派系個案分析〉。高雄:國立中山大學中山學術研究所碩士論文。

蔡明惠、張茂桂,1994,〈地方派系的形成與變遷:河口鎮的個案研究〉,《中央研究院民族學研究集刊》,77,春季號,頁125-156。

Bosco, Joseph. 1992. "Taiwan Factions: Guanxi, Patronage, and the State in Local Politics," *Ethnology*, 31(2): 157-183.

Chubb, Judith. 1981. "The Social Base of an Urban Political Machine," *The China Quarterly*, 196(1): 107-125.

Clapham, Christophy. 1982. *Private Patronage and Public Power: Politcal Clientelism in Modern State*. London: Frances Printer.

Deutsch, Karl W. 1961. "Social Mobilization and Political Development," *American Political Science Review*, 55(3): 493-510.

Flanagan, Scott C. 1991. "Mechanism of Social Network Influence in Japanese Voting Behavior," In Scott C. Flanagan. ed., *The Japanese Voter*: 143-197. New Haven and London: Yale University Press.

Gallin, Bernard. 1968. "Political Factionalism and Its Impact on Chinese Village Social Organization in Taiwan," In Marc J. Swartz. ed., *Local-level Politics: Social and Cultural Perspective*: 377-400. Chicago, IL: Aldine Publishing Company.

Jacobs, J. Bruce. 1980. *Local Politics in a Rural Chinese Culture Setting: A Field Study of Mazu Township*, *Taiwan*. Canberra, Australia: Contemporary China Center, Australia National University Press.

Landé, Carl H. 1977. "Introduction: The Dyadic Basis of Clientelism" In Steffin W. Schmidt, James C. Scott, Carl Landé, and L. Guasti. eds., *Friends, Followers and Factions: A Reader in Political Clientelism*: xiii-xxxvii. Oaktown, CA: University of California Press.

Mayer, Adrian C. 1977. "The Significance of Quasi-Groups in the Study of Complex Societies" In Schmidt S. W, Scott, James C, Lande Carl and Guasti L. eds., *Friends, Followers and Factions: A Reader in Political Clientelism* (pp. 97-122). Berkeley, CA: University of California Press.

Rhodes, Aaron A. 1984. "Material and Nonmaterial Incentives in Political Machines," *European Journal of Sociology*, 25(1): 28-53.

Scott, James C. 1969. "Corruption, Machine Politics, and Political Change," *American Political Science Review*, 63(4): 1142-1158.

Scott, James C. 1972. "Patron-Client Politics and Political Change in Southeast Asia," *American Political Science Review*, 66(1): 91-113.

Wu, Nai-teh. 1987. "The Politics of a Regime Patronage System: Mobilization and Control within an Authoritarian Regime." Ph.D. dissertation. University of Chicago.

附錄、受訪者資料

表 5　黃派受訪者資料

編號	政治或社會組織的背景	職業
Ia1	鄉長	無兼職
Ia2	鄉民代表	自營計程車行
Ia3	大客村村長	代書
Ia4	老人俱樂部會長	家庭代工、招攬旅遊
Ia5	聖賢村村長	麵攤老闆
Ia6	東正村村長	民眾服務分社理事長
Ia7	科里村村長	理髮店老闆
Ia8	青山村村長	自助餐店老闆
Ia9	鄉民代表	保險公司主任
Ia10	水利會會員	務農
Ia11	無	務農
Ia12	廟會委員	鐵工
Ia13	無	麵攤老闆

表 6　程派受訪者資料

編號	政治或社會組織的背景	職業
Ib1	縣議員	無兼職
Ib2	東河村村長	電信工程技術人員
Ib3	調解委員會主委	自耕農
Ib4	前任公所秘書	代書
Ib5	婦女會理事長、調解會委員	家庭主婦
Ib6	鄉長代表、農會代表	家庭主婦
Ib7	義消顧問	小商行老闆
Ib8	義消分隊長	瓦斯行老闆
Ib9	農會理事	務農
Ib10	無	農事貨運
Ib11	義消顧問	務農
Ib12	水利會會員	務農
Ib13	農會代表	務農
Ib14	調解委員	建材行
Ib15	無	報社聯絡員
Ib16	無	務農
Ib17	廟會委員	雜貨店
Ib18	無	家庭代工、務農
Ib19	義消顧問	農會代表
Ib20	農會小組長	務農
Ib21	無	攤販業
Ib22	水利會會員	務農
Ib23	義消顧問	汽車修理廠
Ib24	廟會委員	務農
Ib25	無	家庭代工
Ib26	無	務農

表 7　農會成員受訪者資料

編號	政治或社會組織的背景	職業
Ic1	總幹事	無兼職
Ic2	農會代表	務農

表 8　縣級地方派系受訪者資料

編號	政治或社會組織的背景	職業
Id1	宋楚瑜候選人競選總部幹部	無兼職

表 9　民主進步黨受訪者資料

編號	政治或社會組織的背景	職業
Ie1	農會代表	電信局業務士
Ie2	公務員	無兼職
Ie3	無	小商店老闆

第三章

派系與政黨的結盟：
以嘉義縣林派和民主進步黨為例 [50]

壹、前言

　　台灣自 1987 年展開民主轉型之自由化過程後，在政治競爭的場域中，出現了挑戰執政國民黨之反對黨——民主進步黨，與之競逐民意的支持和政治的權力的現象 [51]。這項結構性的轉變——出現另一個替代性的政黨選擇，不僅影響了中央層次的選舉競爭程度，同時也使得原本地方的政治生態出現了根本性的變化。特別是地方行政首長（縣、市長）

---

[50] 本文曾經發表於「中國政治學年會暨『2008：變局與挑戰』學術研討會」，2008 年 9 月 27 日，國立中正大學，嘉義。本文感謝國立成功大學政治系丁仁方教授在研討會上的評論和指正，讓本文得以修改疏漏之處。

[51] Wu, Yu-shan（吳玉山）教授稱此為政治的市場化，亦即執政黨被迫去承認其他政黨，並與他們競逐選票，相關的討論請參閱 Wu（1989）。

的選舉,因其選舉內涵的特殊性(採單一選區相對多數決制度,只能一人當選),以及其當選後所能分配的龐大地方行政資源,業以成為兩大政黨必爭的政治競賽項目。在民主轉型開展之前,台灣大部分縣、市的地方政治權力結構,都是由國民黨和兩個地方派系所組成。國民黨一方面支持某個派系競逐縣、市長職位,另一方面,扶植另一個敵對派系來加以制衡,形成所謂的雙派系主義(若林正丈,2004)。當國民黨掌握龐大的政經資源,且無其他有意義的政黨與其競爭時,這種地方的統治結構可以維持一定的均衡。然而,當出現有組織的反對黨時,地方的政治競爭會出現不同的模式和組合。可能的情況之一是兩個派系為了對抗新政黨(民主進步黨)的挑戰,選擇放棄過去的選舉恩怨,進而協同合作(如台中縣紅、黑兩派的合作[52]),或是兩個地方派系中的一個派系暗助或是轉而支持民主進步黨[53]。因之,新政黨的出現使得派系和派系之間,或是派系和政黨原本的結盟關係產生了化學的變化[54]。從理論的視野來看,為何派系會選擇支持或是加入其他的政黨、派系和政黨的聯盟,如何解決資源分配的問題等是理解民主轉型後,地方政治生態新面貌的關鍵議題[55],也是本文主要的研究關懷。本文深信找出這些問題

---

[52] 相關的討論可以參閱王業立、蔡春木(2004)。

[53] 在台南縣,原屬於國民黨一部分的山派人士,選擇支持民主進步黨候選人陳唐山,相關的討論請參閱陳延輝、蕭晉源(2005)。

[54] 國內有關政黨輪替和地方派系勢力變遷的研究,可以參閱高永光(2003)。基本上,該文以量化方法推估基隆市地方派系在選舉中選票流失的情形。

[55] 地方政治的研究屬於台灣重要的本土研究之一,累積非常多的研究貢獻,其中幾項重要的作品可以參閱丁仁方(1999);王金壽(2004);王振寰、沈國屏、黃新高(1994);王業立(1998);吳重禮(2002);徐永明、陳鴻章(2004);

的答案可以幫助我們理解民主轉型後,地方政治場域中,派系和不同政黨的結盟關係和運作模式。

在派系選擇支持民主進步黨的例子中,最特殊的例子要屬嘉義縣。嘉義縣地方派系之一林派[56],在派系領導人陳明文先生的帶領下,選擇脫離國民黨,轉而支持民主進步黨,爭取民主進步黨縣長候選人的提名,並於2001年縣市長選舉,打敗原本執政的黃派所推出的候選人,贏得縣長職位的寶座(常被稱為陳明文模式)。嘉義縣例子的特殊性,在於原本依附國民黨的地方派系,轉而支持及加入民主進步黨,造成政黨競爭的板塊位移,以及地方政權五十年來第一次的政黨輪替。其次,在民主轉型之後,衡諸其他存在著地方派系現象的縣市,並無整個地方派系加入政黨的例子[57],因此嘉義縣的個案屬於一個非常特殊的例子。在這個特殊的個案中,存在著一個需要進行分析和解釋的困惑(puzzle)。若以政治實力來衡量政黨和派系時,當時在嘉義縣,民主進步黨的實力甚至比林派還小。為何一個政治實力較強的派系,會選擇加入政治實力較弱,且原本是彼此競爭的政黨?這樣的轉變對於嘉義縣的地方政治生態有何影響?派系和政黨在形成聯盟之前如何解決資源分配的問題?等是本文所要研究的核心問題。

涂一卿(1994);高永光(2001,2003,2004);陳介玄(1997);陳明通(1995);陳明通、朱雲漢(1992);黃德福(1994);趙永茂(1978,1989,1996,2001,2004);劉佩怡(2002);蔡明惠、張茂桂(1994);Bosco(1992);Jacobs(1980);Wu(1987);Wu(2003)。

56　嘉義縣另一個派系是黃派,相關的背景資訊會在後面的段落詳加敘述。

57　民主轉型前的例子是高雄縣的黑派加入民主進步黨,相關的討論請參閱吳芳銘(1995);卓政防(2005)。

過去對於嘉義縣「陳明文現象」的解釋，大體上有兩種觀點：第一種援引恩寵依恃理論的觀點，認為民主進步黨於2000年取得中央執政權之後，提供的資源超過國民黨，成為新的恩寵者，因此得以鬆動，甚至是瓦解國民黨在嘉義縣傳統地方派系的結構（丁仁方、劉依晟，2006）。這種觀點主要是強調新的執政黨（民主進步黨）擁有中央的執政資源，因此扮演積極的角色，主動吸納地方派系與政黨合作。然而，從現實的狀況來推演，在2001年縣長選舉之前，民主進步黨所能提供給林派的誘因只是一種未來的希望因素（hope factor），如林派和民主進步黨最後如能取得縣長職位，則中央會全力的支持和配合。但即使林派和民主進步黨的結盟，也不能保證最後一定會贏得選舉和縣長的職位。林派選擇加入民主進步黨的原因，可能不是當時已取得中央執政的民主進步黨，可以提供多少實際的政治、經濟資源，而是派系本身面臨存亡的危機下，策略性結盟的理性計算。另外，如果派系本身擁有一些自主性的政治和經濟資源時，新的恩寵者所能提供的資源，也不一定足以成為派系移轉和結盟的誘因。這樣途徑主要是強調派系的自主性角色，以及派系和政黨之間的策略計算，將派系和政黨視為地位較平等的政治行動組織。

　　第二種觀點運用理性抉擇（rational choice）的途徑來解釋派系和政黨的結盟行為，認為林派與民主進步黨如能形成聯盟的話，其選票基礎可以形成最小獲勝聯盟，來打破當時黃派與國民黨獨大的局面（陳璿仁，2002）。同時，這種解釋強調派系主動爭取與政黨合作的角色，認為林派領導者陳明文積極釋出與民主進步黨合作的善意，同時希望泛綠陣營能夠整合一組候選人來競選縣長（陳璿仁，2002：120-3）。其次，一項研究認為林派和民主進步黨兩股較小的勢力結合起來，對抗勢力較大的執政派系——黃派，其原因是因為林派之政治實力的萎縮，需要結合民主進步黨的力量，而民主進步黨需要地方派系的組織優勢來彌補其動員能力的不足（蔡英志，2006）。這種觀點也是運用理性抉擇的觀點來解釋派系和政黨的結盟，並認為兩者結合之後，可以各取所需，截長補短。基本上，從選舉結果來看（陳明文當選縣長），理性抉擇途徑有一定的解釋力，兩個實力較弱的政治組織，聯合起來挑戰實力較強的政治組織而獲得勝利。然而，為何林派要選擇以加入民主進步黨的方式來進行結盟、林派和民主進步黨結盟之前，林派領袖或是次級領袖如何化解或是說服派系內部或是政黨內部反對聲音的過程、派系和政黨立場的差異如何調和、以及派系和政黨形成聯盟之前，如何解決資源分配等問題是理性抉擇途徑較無法解釋的面向。換言之，理性抉擇的觀點合理解釋了政治行動者策略運用的結果，但忽視了整個結盟過程中，可能的障礙如何地被化解、為何嘉義縣林派會選擇以加入政黨（民主進步黨）的方式，而不是用其他方式如合作。本文主要的研究途徑是結構過程分析（structural process analysis），關注促使派系加入政黨的結構性因素、聯盟形成前的討價還價過程。本文主要的目的在於補充上述這兩種解釋的不足，以期對於嘉義縣這個特殊的個案有更深層次的理解。主要的分析焦點集中於派系和政黨結盟的困境和過程，去探索派系為何願意轉換不同的政黨標籤。

本文取得實證資料的方法，是透過政黨和派系中主要運作人士進行質化訪談，以理解嘉義縣基層政治圖象的重要轉變，並分析政黨和派系之間的競爭和合作的複雜關係。主要的訪談對象是派系的領導者和次級領導者。派系領導者是指縣長；次級領導者是指派系組織中的重要幹部或鄉鎮市長。一般而言，派系的訪談必須要有一些接近的管道，否則很難接觸到重要的派系運作人士。本文作者熟識兩位擔任公職的派系中人，透過他們的引介，得以接觸派系的核心人士。本文欲透過對受訪者之訪談內容的蒐集及其他相關的資料，來還原派系和政黨結盟的過程。以下將分析嘉義縣派系方誌、三方的結盟理論、嘉義縣個案的解釋。

貳、嘉義縣派系方誌

　　嘉義縣地方派系的源起，與台灣其他的一些縣市一樣，皆出自於地方選舉的恩怨。嘉義縣地方派系的雛形，可以追溯至早期實施地方自治的縣長選舉。肇因是嘉義縣第一屆民選縣長林金生在尋求連任之餘，輸給脫離國民黨參選的無黨籍李茂松，因此林金生的支持者（縣議員）在議會中杯葛李茂松縣長，這股勢力後來發展成黃派，但同時也存在著一些反對黃派的勢力（蘇錦章，2001：22-3）。嘉義縣地方派系的確立來自於第六屆縣長黃老達和第六屆議長林振榮之間的政治鬥爭（蘇錦章，2001：24）。爾後，以其兩人的姓作為派系的名稱，一直沿用到現在。另外，嘉義縣自第六屆以後的縣長和議長，不是出自於黃、林兩派，就是中間偏向黃、林兩派之其中一派（唐賞蓉，2002：65-6）。以縣長職位為例，第六屆黃老達縣長以後,第七屆縣長陳嘉雄和第八屆縣長涂德錡中間偏向黃派;第九屆縣長涂德錡因為議會由林派掌握,轉趨於林派,第十屆縣長何嘉榮為林派,第十一屆縣長陳適庸、第十二、三屆李雅景為黃派,一直到目前第十四、十五屆縣長陳明文為林派(唐賞蓉,2002:65)。從這些歷任縣長的派系屬性可以看出黃派較林派,略占上風,特別從第十一屆(1989年)到第十三屆(1997年)連續三屆都是黃派推出的人選擔任縣長職位。這不僅凸顯傳統國民黨刻意維繫的雙派系主義路線的瓦解,同時也種下林派後來離開國民黨的關鍵原因之一。

威權統治時期,國民黨和地方派系的關係是充滿矛盾的。一方面國民黨需要地方派系來幫助其建立在地方社會的支持基礎,以鞏固其威權統治的正當性,另一方面又擔心地方派系坐大,因而採取一些策略來進行抑制和因應。具體的作法是以國民黨所培植的黨工幹部,取代既有地方派系勢力的派系替代(faction replacement)策略(陳明通,2001:184)。在嘉義縣的情形是國民黨提名救國團系統出身的陳嘉雄、黨工系統出身的涂德錡、海外黨工系統出身的何嘉榮參選縣長,三位皆贏得最後的選舉勝利。這些結果顯示國民黨欲以自身的黨工幹部擔任縣長,來逐漸削弱地方派系的政治實力。另外,派系替代的策略還可以達成兩種目的。一方面將派系的政治實力侷限於縣議會之中,防止派系長期壟斷地方的行政資源,另一方面也使得黃派的敵對勢力——林派得以發展並累積實力,與黃派相抗衡(黃榮清,2001:35)。亦即,派系替代加上派系平衡等雙重策略,使得國民黨得以維繫在地方政治和社會結構中主導性的地位。然而，在這些黨工幹部擔任縣長之後，皆須面臨縣議會由地方派系所掌控的事實，於是這些國民黨籍的縣長通常會向一個特定的派系靠攏，以使府會關係和諧，利於地方政策的推動。比較特殊的例子是縣長涂德錡，於第九屆任期中，因為議會多數為黃派，因此其較傾向與黃派合作，而於第十屆任期時，因為當時議會多數變成由林派掌握，轉而傾向與林派共治（吳芳銘，1995：49）。

整體而言，黃派的政治實力較為穩固，但其組織的結構也經歷了分裂和重組的過程。黃派的分裂起因於兩次的選舉恩怨。一是1991年國大選舉，時為黃派大將之省議員李雅景，支持其舅舅吳仁建參選，而當時同為黃派的縣長陳適庸則支持同一選區的劉顯原，造成李雅景和陳適庸彼此之間互有心結，難以化解；二是1992年立委選舉，李雅景支持翁重鈞參選立委，而陳適庸支持同為黃派大將的曾振農參選立委與翁重鈞互別苗頭（黃榮清，2001：41-2）。因之，黃派內部嚴重的傾軋，最後分裂成以李雅景和翁重鈞為首的老黃派，以及陳適庸和曾振農的小黃派（黃榮清，2001：42）。老黃派和小黃派的競爭結果，可以由第十二屆縣長選舉由李雅景勝出，看出老黃派略占上風。後來，李雅景又連任一次縣長，使得黃派勢力如日中天，一直到林派的陳明文加入民主進步黨之後當選縣長，才結束黃派長期對於嘉義縣地方首長職位和權力的壟斷局面。

類似於黃派，林派也出現了分裂的現象。1992年立委選舉，嘉義縣應選名額從兩席增加為三席，形成黃派、林派、民主進步黨等勢力欲三分天下，競逐立委席次的局勢。當時屬於林派的現任立委邱俊男欲尋求連任，而林派領導者陳明文[58]則支持其胞兄陳明仁參選立委；雙方僵持不下，國民黨只好協調邱俊男，參選不分區立委，但因為名額有限，邱最後落選；而陳明仁也因為林派勢力分散，最後同樣遭到落選的命運；邱俊男因為這次的選舉恩怨離開林派，與邱俊男關係不錯的蕭家班[59]也脫離林派（陳璿仁，2002：105-6）。蕭家班脫離林派的主要原因是為了自身的發展。當時原屬林派的副議長蕭登標，不滿陳明文內舉不避親的方式（支持其胞兄參選立法委員），再加上本身勢力坐大不願委身於林派之下，遂自林派出走，成立了蕭家班（黃榮清，2001：42）。林派勢力因為邱俊男和蕭家班的出走，實力大為減弱。

黃派（更精確的說是老黃派）的李雅景，尋求從林派出走之蕭家班的合作和支持，最後助其贏得1993年的縣長選舉，成為嘉義縣第一位純派系人物進而擔任縣長的先例；另一方面，縣長李雅景投桃報李，支持蕭家班之蕭登標擔任嘉義縣議會第十三屆議長（陳璿仁，2002：106-7）。之後，第十四屆嘉義縣議會會期時，也由黃派出身的董象擔任議長。因此，在縣長李雅景兩任任期中，黃派勢力控制嘉義縣行政和立法機關（縣政府、縣議會），聲勢如日中天。探究助長黃派壯大的結構性因素有二。一項因素是1993年是民主轉型

---

[58] 陳明文的派系掌門人的位置，主要是傳承前省議員蔡陳翠蓮而來。蔡陳翠蓮連續擔任台灣省議會第四、五、六、七屆省議員。

[59] 蕭家班全盛時期是指三位兄弟分別擔任嘉義縣、市的重要職位，老大蕭登旺擔任嘉義市議長、老二蕭登獅擔任嘉義市農會理事長、老三蕭登標擔任嘉義縣議長。

如火如荼開展之際，反對黨民主進步黨與國民黨，在各縣市百里侯的選舉競爭之際，國民黨亟需地方派系所推出的勝選機率高的候選人，替其維繫地方統治權的多數。亦即，地方派系的地位水漲船高，再加上地方派系因長期控制地方金融機構，而握有資金可以幫助選舉運作之因素（以黃派為例，其長期掌握漁會和部分的農會系統），使得國民黨和地方派系的關係產生了質變，形成國民黨依賴地方派系，更勝於地方派系依賴國民黨的態勢。另外一項因素是因為選舉結構中，出現了其他的政黨競爭者（民主進步黨），使得選舉充滿不確定性，國民黨無法繼續扮演像過去一樣派系平衡者的角色——可以輪流提名派系的人士參選縣長，進而當選。因之，當一個派系掌握地方行政資源的分配時，會盡可能地吸取養分，使其政治實力愈來愈膨脹，而另一個派系，因為失去地方行政資源，相對地萎縮。特別是派系的縣長會挾著現任者的優勢，繼續贏得連任的選舉，使得原本的雙派系結構失去平衡。當然，這不代表弱勢的派系就會完全消失，因為執政的派系總無法滿足所有的樁腳和支持者，最後造成部分樁腳的派系出走或是移轉。無論如何，非執政的派系會面臨關鍵的生存危機，需要尋找其他的出路來解決。

以當時的政治實力大小來說，黃派大於林派，而林派大於民主進步黨。以意識型態來說，黃派和林派因同屬國民黨，因此其距離較為接近，而與民主進步黨的意識型態距離較遠。為何兩個政治實力較弱的派系和政黨，得以結盟來對抗政治實力較強的派系？林派為何要選擇以加入民主進步黨的方式來進行結盟？什麼因素可以解釋這個結盟的行為？派系和政黨之聯盟如何解決資源分配的問題？派系在政黨內如何的運作等是本文尋求答案的重要問題。以下將先分析三方的結盟理論。

參、三方關係的結盟理論

嘉義縣兩個派系和政黨之間的合縱[60]的歷史過程，可以運用所謂三方關係（triad）的結盟理論（alliance theory）來進行分析和說明。首先，結盟理論強調三方關係中，其中兩方結盟的必然性。在三方的互動過程中，通常會出現兩方為一組（a pair）和另外一方（the other）的現象（Simmel, 1950）。整個威權統治時期的地方政治結構，主要是由國民黨和兩個地方派系組成，形成一種三方的互動關係。在某個特定的時期，國民黨會與兩個派系的其中之一合作（黃派或林派），提名該派系人士參選縣長。因此形成兩方合作和另外一方的現象。然而，為了不使另外一個派系失去忠誠，政黨在一定的期間後會轉移合作對象，以保持地方政治結構的平衡。為何兩個派系不能合作來抗衡國民黨，主要是因為政治實力的結構性限制。研究聯盟成立的學者 Caplow 提到，假設三方是 A、B、C 的話，當成員 A 比其他兩個成員 B 和 C 加起來更強，以及 B 和 C 的實力一樣時，B 和 C 並沒有動機去形成聯盟；因為一旦形成聯盟，其還是比 A 弱，以及 B 和 C 即使形成聯盟，其力量還是一樣未改變（Caplow, 1956: 490），請參閱圖 1。

---

[60] 合縱的策略是由戰國時代策士蘇秦所提出，其主張弱國（齊、楚、燕、趙、韓、魏六國）要聯合起來對抗當時的強國（秦）。

在威權統治時期，國民黨和兩個地方派系的關係，可以用這種三方結盟理論來解釋。A 為國民黨，B 和 C 為兩個地方派系，分別是黃派和林派。國民黨的力量和資源大於兩個地方派系的結盟，因此兩個派系並沒有任何誘因去形成聯盟。其次，掌握優勢的國民黨會採取分而治之的策略，如提名一個派系所推出的候選人，連續擔任一任或是兩任的縣長之後，接著提名另一個派系所推出的候選人來輪流擔任縣長（若林正丈，2004）。在嘉義縣，也曾經出現過這種派系平衡的現象，輪流提名黃派或是林派擔任縣長。這種策略的主要目的是使兩個派系的實力較為平均，不會出現一個派系獨大的現象，進而導致政黨無法控制，或甚至最後威脅到政黨所主導的優勢。再者，從實際的地方政治運作來看，確實很少出現兩個派系彼此合作來對抗國民黨的現象。即使合作，也無法與國民黨作有效的抗衡，因為國民黨仍掌握優勢的地位和政經資源。再加上派系起源的原因，通常是因為選舉勝

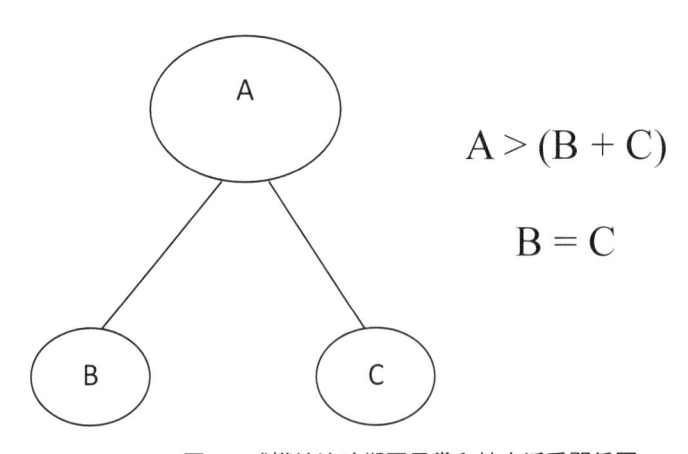

$A > (B + C)$

$B = C$

圖 1　威權統治時期國民黨和地方派系關係圖

利或失敗所產生的恩怨（Bosco, 1992）。在嘉義縣，黃派和林派的分立是源自黃老達縣長和林振榮議長之間的選舉恩怨。亦即，過去的選舉恩怨使得兩個派系之間的合作基礎相對地較為薄弱或較不可能。因此，掌握優勢地位的國民黨仍可以維持地方派系彼此之間的恐怖平衡。

然而，這種三方關係的模式會因為民主轉型的歷程，而產生了結構性的變化。民主轉型的歷程中允許不同政黨參與選舉的競爭。當有其他政黨如民主進步黨參與選舉時，國民黨在地方首長的選舉中，可能因為競爭的關係，而面臨較大的不確定性。可能的情形是國民黨為了勝選考量，而與其中一個派系密切合作。假如該派系與國民黨合作並在最後贏得選舉，其得以掌握地方行政權力和資源。相反地，另一個派系因為未掌握地方行政權力，其政治實力會相對的萎縮。換言之，原本兩個派系之間達成實力平衡的雙派系主義（bifactionalism）現象開始瓦解。另外，促成雙派系主義的瓦解的原因與國民黨推動的初選制度有關。1989 年，國民黨推動初選制度，使得派系輪替執政較不可能（Bosco, 1994: 59）。因為派系屬意的候選人，必須根據其政治實力取得初選勝利，才有機會參與縣長選舉。亦即，初選制度的引進使得國民黨無法透過協調的方式來平衡派系。

首先，與國民黨合作的派系因吸收行政資源的養分，而逐漸壯大自己的實力，再加上派系掌握選舉動員的優勢，使得在一些地方選舉中，國民黨可能要與地方派系平起平坐。以嘉義縣的例子來說，民主轉型後第一次的縣市長選舉，嘉義縣提名黃派領導者李雅景參選並當選縣長。之後，李雅景縣長繼續尋求連任成功。李雅景縣長執政八年之中，黃派勢力擴大，聲勢如日中天。按照過去的慣例，國民黨應該提名林派以平衡派系的實力，但是黃派實力強大，國民黨仍屬意黃派的翁重鈞立委參選，其目的是為了求取勝選。執政派系勢力坐大的事實，使得國民黨無法繼續維持派系平衡的策略，同時也種下另一派系轉而支持其他政黨，或是加入其他政黨的根本原因。

其次，實力較弱的派系，可能主動選擇比其力量更小的其他政黨進行結盟，來對抗較強大的派系。雖然派系的實力可能比該政黨還強，但是選擇與政黨結盟可以變成所謂的二對抗一[61]（two against one）的局面，雙方組成聯盟的實力勝過於較強大的派系，造成原本最強的派系可能變成是較弱的，或是原本可能是較弱的派系，變成為最強的派系。也就是說，派系間的競爭和對應的政治實力的消長是一個動態的過程。以嘉義縣十二（1993）、十三（1997）、十四屆（2001），上述三屆縣長派系屬性為例，前兩屆由黃派掌門人李雅景擔任，黃派勢力如日中天，其實力遠遠超過林派或民主進步黨。在第十四屆縣長選舉時，林派加入民主進步黨打敗黃派所推出的縣長候選人，並連選連任，這個結果使得黃派勢力如江河日下，從原本政治實力最強的派系變成是最弱的派系，而林派卻從原本政治實力最弱的派系變成最強的派系。

另外，為何實力較弱的政黨願意與兩個派系中較弱的派系，而不是兩個派系中較強的派系結盟的原因，是因為

---

61 有關二對抗一的三方聯盟關係理論請參閱 Caplow（1956; 1959）。

其可以分配相對較多的利益。這個觀點的理論基礎，來自於 Gamson（1961）的三方聯盟理論。Gamson 認為，當 A > B > C 且 A < B + C 時，C 會偏好 BC 的聯盟而不是 AC 的聯盟，因為 C 認為較強的 A，將會要求一個較大所得的分配以符合其較優越的地位；BC 的聯盟是最輕易獲得的聯盟（the cheapest coalition）（Gamson, 1961: 378），並請參閱圖 2。根據三方聯盟理論的假定，較弱的政黨會傾向於與兩個派系中較弱的派系合作。在嘉義縣，這個理論陳述可以獲得經驗的證明。1997 年縣長選舉，民主進步黨選擇與林派合作，最後只以 16,662 張選票（6.48%）的些微差距落敗[62]。

根據國際政治的聯盟理論，當三方的實力如 A > B > C、A < B + C、且假定 A、B、C 的權力比例是 A = 5、B = 4、C = 3 時，其會形成一種平衡（balance）。三者間最強的 A 不會去攻擊 B 或是 C，因為 B 和 C 可能聯合起來對抗 A，甚至是打敗 A（Schweller, 1993: 81）。以上為國際政治中，國家和國家之間可能聯盟的理論推演。運用到派系研究上，這種聯盟理論需要一些修正和補充。主要是因為派系和派系之間的實力消長可能是零和遊戲，亦即一方實力相對地增加，另外一方則會相對地減少。國家和國家之間的實力消長不必然是零和遊戲（zero-sum game）。因此，聯盟理論運用在地方選舉競爭時，必須再加入一些可能的條件或是補充

---

[62] 國民黨和黃派提名的候選人李雅景獲得 136,161 張選票，得票率為 53.26%，而民主進步黨和林派合作而支持的候選人何嘉榮獲得 119,499 張選票，得票率 46.74%，相關的資訊請參閱中央選舉委員會網站，網址：http://www.cec.gov.tw，連結時間為 2007 年 8 月 7 日。

$$A > B > C$$
$$A < (B + C)$$

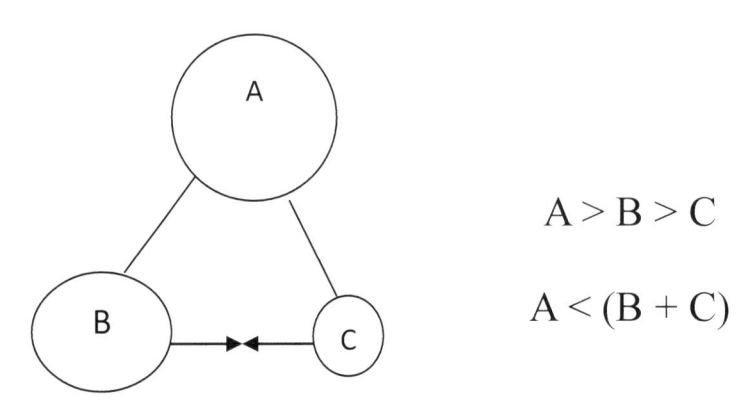

圖 2　民主轉型後國民黨與地方派系關係圖

的原則。首先，當 A 不認為 B 和 C 的聯合會勝過其本身的實力時，A 還是可能會攻擊 B 或是 C。換言之，A 可能主觀地認為 B 和 C 合起來的權力會比其小，或是 A 無法實際地估算 B 和 C 與其實力的差別。其次，A 認為 B 和 C 即使聯合起來可能會贏過 A，但是 A 認為 B 和 C 因為彼此激烈競爭的關係，無法聯合在一起來對抗 A，因此仍會選擇攻擊 B 或是 C。再者，當 A 選擇強力吸收 B 的資源時，B 很可能因為資源的日益稀少，而選擇與過去激烈競爭的 C 聯盟。也就是說，A 過度的增加自身資源的結果，反而可能從最強的變成最弱的，或是無法勝過 B 和 C 的聯盟。應用在嘉義縣的個案上，A 可以看成是連續兩屆掌握縣長職位的黃派，其強力吸取政治資源的結果，反而促使原本依附於國民黨之下的林派（B）轉而支持民主進步黨（C），最後在激烈選舉中打敗黃派，改變了傳統的地方結構。整體而言，聯盟理論解釋了傳統國民黨和地方派系的平衡結構，以及執政派系如何促成非執政派系與非執政政黨之合作或結盟的可能性。然而，在嘉義縣的個案中,仍有一項謎題(puzzle)值得我們去探索,為何林派要選擇以加入民主進步黨的方式進行結盟?以下藉由分析嘉義縣的個案,來試圖解開上述的謎題。

肆、嘉義縣的個案
一、派系的競爭

　　派系和政黨的結盟關係通常會根基於過去的合作經驗。林派在 2001 年加入民主進步黨之前,其早與民主進步黨有合作的經驗。如 1997 年縣長選舉,林派暗中支持民主進步黨提名的縣長候選人何嘉榮;在 2000 年總統大選時,林派也暗中支持民主進步黨提名的總統候選人陳水扁(請參閱黃江正,2001:113-4、表 4-14)。民主進步黨在 1997 年縣長選舉,雖然最後結果宣告失利,但民主進步黨縣長候選人何嘉榮也得到 46.74% 的選票。爾後,2000 年總統選舉,在嘉義縣各候選人得票情形依序為民主進步黨總統候選人陳水扁獲得 49.49% 比例的選票、無黨籍總統候選人宋楚瑜獲得 26.98% 的選票、國民黨總統候選人連戰獲得 23.06% 的選票[63]。無黨籍總統候選人宋楚瑜的得票率,之所以高於國民黨籍總統候選人的原因之一在於,當時隸屬黃派的副縣長吳容輝的支持(黃江正,2001:114)。如果黃派不是全部支持同一組候選人,力量分散的情形之下,其結果可想而知(民主進步黨的總統候選人漁翁得利)。但是如果加總脫離國民黨參選的無黨籍總統候

---

[63] 請參閱中央選舉委員會,第十任總統(副總統)選舉候選人得票概況,http://210.69.23.140/vote312.asp?pass1=A2000A990000000000,連結時間為 2007 年 8 月 7 日。

選人宋楚瑜的選票比例,和國民黨總統候選人連戰的選票比例,其仍有 50.04% 的比例。依此可以看出國民黨或是黃派在嘉義縣的政治實力仍不容小覷。對於林派和民主進步黨而言,兩者如合作的話,根據過去的經驗(縣長選舉和總統選舉),其至多可以獲得 40% 以上的選票。因此,這兩次的選舉經驗提供後續派系和政黨合作,甚至是合併的結構基礎。

林派在黃派長期掌握縣府資源的情況下,只能慘澹經營,面臨嚴重的生存危機。例如,2000 年之前,嘉義縣林派的政治實力明顯萎縮:十八個鄉、鎮市長席次中,林派只占七席(黃派則占十一席);縣議員三十四席中,林派只掌握了六席(黃派則占二十六席,蕭家班占了兩席);原本由林派掌握多數的農會,也變成只掌握十八席中的四席(黃派占了十一席,另外蕭家班占了三席)(陳璸仁,2002:112;127)。將三項重要職位(鄉鎮市長、縣議員、農會)合在一起考慮和計算,林派只有 24% 的實力,而黃派則有 70% 的實力。林派的政治實力相較於黃派有一段不小的差距。林派如選擇繼續待在國民黨內,其可能只是一個小派系,無法成為執政派系。亦即,林派政治實力的銳減,攸關派系的存亡,是林派尋求與其他政黨合作的最主要驅動因素。

除政治實力縮減的結構性因素之外,另外有一些特定政治事件對於林派和民主進步黨的合作有催化的作用。首先,國民黨黨員重新登記的事件。國民黨因總統大選失利,想藉由辦理黨員重新登記來建立和黨員之間的聯繫。這個政黨內部的改革在嘉義縣形成反效果。兩位地方派系領導人黃派的李雅景和林派的陳明文都未加入國民黨的行列。黃派領導人之所以未加入國民黨的原因之一是，國民黨對於黃派支持無黨籍總統候選人宋楚瑜的不滿，甚至開除黃派三位縣議員的黨籍，使得黃派領導人李雅景表態要與國民黨劃清界線[64]。同樣地，林派的領導人陳明文也選擇不辦理登記。國民黨重新辦理黨員登記，對嘉義縣林派來說，是一個可以將「林派與民主進步黨合作」尋找合理化以及正當化的理由（陳璿仁，2002：121）。林派領導人陳明文同時在報紙（例如中國時報）半版版面刊登公開信，強調其要超越政黨的藩籬，跳出派系角力的框架，從「國民黨的陳明文」變成「嘉義的陳明文」[65]。陳明文選擇離開國民黨，成為無黨籍人士之後，對於民主進步黨釋出善意，如具立委身分的陳明文撤簽立法院中罷免總統案的連署，以此來說服嘉義縣民主進步黨人士（陳璿仁，2002：121）。為何立委陳明文願意撤簽，其中一個重要的理由是陳水扁總統的承諾。總統府在罷免案連署如火如荼展開之際，透過關係找陳明文親自面談，陳明文和一些地方政壇人士向總統分析嘉義縣派系的生態，認為嘉義縣黃派長期執政，掌握了嘉義縣 40% 票源，林派、民主進步黨、蕭家班則掌握了 60% 的票源；縣長選舉時如民主進步黨支持陳明文選縣長，則林派選出的立委會支持民主進步黨；陳水扁總統在了解嘉義縣政治生態之後，承諾支持陳明文以無黨籍身分參選縣長，陳明文因此才有撤簽行動[66]。

---

[64] 黃啟璋、林凱盈（2001 年 2 月 1 日）。嘉縣黃林兩派掌門人缺席。中國時報，20 版。

[65] 《中國時報》，2001 年 2 月 1 日，5 版。

[66] 黃啟璋（2001 年 2 月 10 日）。民主進步黨與林派的關係受矚目。中國時報，20 版。

對於派系而言，縣長選舉是最重要的選舉戰役。林派領導人陳明文在 2001 年嘉義縣長選舉中並無缺席，積極爭取勝選可能的支持基礎。但是，民主進步黨本身有自己的提名作業程序，如以民調 70%、黨員 30% 的方式產生黨的候選人；同時，根據民主進步黨黨章規定，如有黨員登記參選，就沒有徵召非黨籍人士的空間[67]。民主進步黨籍立委何嘉榮在 2001 年 1 月底根據上述的運作規則，成為黨正式的縣長候選人。此時，總統府介入協調提名過程，同時並不排除欲支持陳明文的意思，對此何嘉榮感覺相當挫折，而面對民主進步黨內部反彈的陳明文也表示，他會以無黨籍身分參選嘉義縣縣長的意志非常堅定，不會為參選縣長而加入民主進步黨[68]。但是陳明文並不因此放棄爭取民主進步黨的支持。首先，其發動派系成員加入民主進步黨，使得民主進步黨嘉義縣黨員成倍數成長，從原本的三千人增加為一萬人[69]。林派領導者陳明文鼓勵派系成員入黨的動作不僅可以凸顯派系的合作忠誠，同時可以進入黨的決策機制來化解反對派系的阻力。其次，陳明文積極拜訪民主進步黨黨部，強調與民主進步黨一樣都是認同本土意識，理念相同，同時表示民主進步黨提名人的資格必須在 9 月 28 日經黨中央確定才正式確立，在此之前仍有換人選的可能[70]。

---

[67] 吳典蓉、羅如蘭（2001 年 2 月 4 日）。陳總統挺陳明文？嘉縣長選戰生波。中國時報，4 版。

[68] 同上註。

[69] 黃啟璋（2001 年 8 月 15 日）。嘉義縣民主進步黨黨員成長三倍。中國時報，18 版這之中，有一些黨員入黨是因為民主進步黨贏得總統大選而加入的，不全然是林派成員。但是，不可否認的是林派的成員加入民主進步黨，使得民主進步黨的黨員人數激增。

[70] 廖素慧、黃啟璋（2001 年 8 月 23 日）。陳明文親善之旅，走向民主進步黨。

第三章 派系與政黨的結盟：以嘉義縣林派和民主進步黨為例 | 139

　　9月11日，民主進步黨黨中央正式確認提名之前，總統府介入主導嘉義縣的提名，兩位候選人（陳明文、何嘉榮）同意以民調的方式，協調出一人參選嘉義縣縣長[71]。以民調的方式協調產生候選人的方式，促成地方黨部幹部的意見分歧。民主進步黨太保市黨部主委葉進松認為此舉會傷害黨的提名制度，因為地方黨部已經提名何嘉榮作為候選人；而民主進步黨籍縣議員林國慶和縣黨部評委召集人，同時表態支持陳明文[72]。最後民調結果，由無黨籍陳明文勝出[73]。民主進步黨中央以徵召的方式，提名陳明文為民主進步黨嘉義縣縣長候選人，而陳明文則加入民主進步黨，接受徵召。原本爭取提名的何嘉榮戲劇性地因為先前選舉官司的宣判，喪失參選資格[74]。陳明文最後以約八千票的差距，打敗國民黨的候選人翁重鈞，贏得選舉勝利，同時也結束國民黨在嘉義縣長達五十年的執政[75]。整個來看，林派所選擇的方式是先鼓勵派系成員加入民主進步黨，然後林派領導者在確定提名後才加入民主進步黨。一開始陳明文在面臨民主進步黨的反彈時，談到他會以無黨籍身分參選嘉義縣縣長的意志非常堅

中國時報，4版。

[71] 趙慧容（2001年9月12日）。在野聯盟漸成形，縣長選戰成新局。自由時報，12版。

[72] 吳世聰（2001年9月23日）。民調決定候選人，基層爆衝突。自由時報，11版。

[73] 何嘉榮、陳明文與翁重鈞三人以三家民調公司所做的結果，陳明文19.19%、何嘉榮16.72%，陳明文以2.47%的差距勝出，有關民調的結果請參閱陳瑩仁（2002：164，附錄三）。

[74] 廖素慧、黃文博、黃啟璋（2001年9月29日）。何嘉榮、陳明文官司際遇兩樣，李雅景質疑。中國時報，18版。

[75] 筆者訪談一位熟悉嘉義蕭家班的地方人士談到，陳明文獲得已經脫離林派的蕭家班暗中支持，取得一些關鍵的選票，是其勝選的因素之一。

定,不會為參選縣長而加入民主進步黨。後來因為一連串戲劇化的事件,取得徵召提名後才加入民主進步黨。

簡而言之,嘉義縣林派領導者陳明文於 2001 年縣市長選舉過程中,鼓勵林派加入民主進步黨,以及其同時代表民主進步黨參選,並於最後贏得縣長的寶座,成為台灣地方政治史一個極為特殊的現象:原本依附國民黨的地方派系,選擇加入先前是敵對競爭關係的民主進步黨。嘉義縣的個案在地方政治的研究中,具有以下幾個重要的意涵。首先,嘉義縣的個案說明了在地方政治的場域中,派系和政黨之間的界線,有時會很模糊。派系的成員中,很可能會存在著不同政黨的黨員。以林派來說,派系的成員中有一些是屬於民主進步黨黨員,有一些是屬於國民黨黨員。因此,林派與民主進步黨合作的機會增加。一位林派人士提到:

> 陳明文在嘉義經營很久了,自己有兵、有將、有隊伍,「他是把自己的隊伍換上民主進步黨的制服」這個隊伍「以前唸三民主義,現在宣揚共產主義;過去拿 M-16,如今拿 AK-47」;不過,許多狀況是派系頭頭要轉向,但底下不跟著走……陳明文是怎樣讓從眾都願意「向左轉」?親近人士講明,其實是「他的組織在影響他」。該人士分析,過去林派是國民黨的在野派,常常「暗助」民主進步黨、活動也幫忙動員,「聽久了,覺得民主進步黨不錯」;陳明文也開始感覺,「我的林派怎麼那麼像民主進步黨?」甚至有人比他還早加入民主進步黨(楊舒媚,2007:17)。

從上述這段話的內容可以看出，林派加入民主進步黨的歷程，並不是由派系領導人帶領所有的林派成員集體加入民主進步黨，而是林派部分的成員早已經是民主進步黨，使得原本屬於國民黨的派系領導人，鼓勵派系其他的成員加入民主進步黨，最後自己在取得提名資格之後，才正式加入。這種派系成員和政黨成員的身分重疊性有助於化解派系和政黨合作的部分阻力。

其次，具有雙重身分的成員（派系成員、政黨成員）面臨困難或是問題時（如升遷、謀職等等），可以透過派系和政黨雙重管道進行解決。派系不一定能解決所有的問題，透過政黨的連結也可以提供一些恩惠的交換。為何派系組織中，會出現不同的政黨成員。主要原因是在地方社會中，人際關係較為緊密，人與人之間的互動機會較多。因為與其他派系激烈競爭的關係，使得派系可以將不同政黨的成員兜攏在一起。亦即，政黨的差異可能遠小於派系之間的恩怨。嘉義縣地方政治流行的一句「真言」：「有派系，就沒有是非，有是非就沒有派系」[76]。這句真言可以凸顯嘉義縣派系之間競爭的激烈程度[77]。另外，派系的組織力量可能會滲透到地方社會的任何一個成員，當兩個派系互為敵對時，會使得衝突面形成由上而下的連結以及激烈化的競爭程度。再者，派系之間的恩怨，通常是起因於選舉的成敗。在歷經多次選舉

---

[76] 這句話源自於黃派元老第七、八屆議長張文正，告訴林派領袖第十屆議長陳明文，要講派系就不要論是非，要分是非就不能談派系，張議長的「派系無是非、是非無派系」論，成為嘉義政壇的十字真言（蘇錦章，2001：40）。

[77] 派系之間激烈競爭的程度，可以從一些地方商業經營的餐廳牆上所懸掛的匾額看出，林派和黃派的人所贈送的匾額分別懸掛兩邊，涇渭分明。

恩怨的積累，派系之間的互動常常是零和遊戲，有時甚至超越政黨之間的競爭距離。

二、派系的消長

　　派系組織和資源是成員尋求困難解決的重要組織和管道。當派系成員或是成員的親友有需求時，會尋求執政派系領導者或是次級領導者來幫忙其解決困難。因為問題的解決或是恩惠的提供，使得派系的勢力會慢慢的膨脹。相對地，無掌握執政資源的派系會因為較無法解決派系成員的困難，而使其勢力慢慢的萎縮。亦即，派系間的實力會有消長的變化，或是派系的外圍成員可能會因為其他派系恩惠的提供，或是問題的解決而轉移派系支持。然而，不同派系的消長有一定的界限。原因是即使是執政派系也無法滿足所有派系成員或其親友的需求。派系所掌握的行政資源或是權力是有限的，分配不到的派系成員可能會因此對於派系無法完全效忠甚至會轉移到非執政派系。

> 林派一位負責動員的幹部提到：「派系執政後擁有的行政資源仍然會出現有限性，其不可能滿足派系內的所有成員，有些成員因為沒有分配到會選擇出走派系。甚至，他頗為傳神地提及無執政的派系就像是一台車子，空位還很多，分配不到的人可以先來占位子」[78]。

　　這種觀點不僅可以解釋執政的派系也無法壟斷所有的資

---

[78] 林派一位負責動員的幹部的訪談記錄。

源,其資源和權力的成長有一定的極限性,同時也提到地方派系消長和輪替的可能性。另外,這位幹部提到過去嘉義縣黃派長期執政,也只能掌握嘉義縣40%票源[79]。但不管如何,長期無執政資源的派系會快速萎縮,只剩下一些與領導者、次級領導者維持忠誠關係的成員。在黃派連續掌握三屆的縣長職位後,林派的政治實力一直萎縮,嚴重面臨生存的危機。另外,林派擔心中央政權輪替,掌握執政資源的民主進步黨,可能在往後與地方執政的黃派合作,因此林派只好先搶先與民主進步黨合作。林派領導者陳明文談到:

> 林派的人一直跑出去,不與其他政黨合作,林派就要滅亡了。

林派加入民主進步黨的過程是採取漸進的方式。首先,林派透過與民主進步黨權力核心的接觸,過程中論述嘉義縣的政治結構來強調合作的必要性,如林派和民主進步黨合作,可以有機會和黃派或是國民黨一搏。對於民主進步黨來說,上一次的縣長選舉,民主進步黨提名與林派素有淵源的何嘉榮參選,最後獲得46.74%的選票[80]。如果林派和民主進步黨各推出一個候選人,瓜分選票的情況下,可能無機會獲勝。這種結構性的因素會促使派系和政黨趨向於合作。至於

---

[79] 林派一位負責動員的幹部的訪談記錄。

[80] 選舉結果是由黃派領袖李雅景,以53.26%的選票獲勝。為何黃派可以掌握50%以上的選票,除了一對一的對決因素之外,其他派系如蕭家班支持李雅景可能也是一個因素。

林派,其領導者陳明文先脫離國民黨,變成無黨籍,透過總統的居中協調,以民調方式來爭取提名。過程中,先鼓勵一些林派人士加入民主進步黨,充實民主進步黨的基層組織實力。這個動作顯示林派預備和民主進步黨合作的決心,同時也可以化解民主進步黨內部一部分抗拒林派的阻力。

過去台灣的立法委員選舉採取所謂「單記不可讓渡投票法」(Single Non-Transferable Vote,SNTV)的選舉方式(王業立,2001)。這種選舉方式的特點是一個選區可以選出幾個立委,而每個選民只能投一票。選區的大小通常以縣或市為單位。在嘉義縣,立委的應選名額有四名,因此立法委員的選舉便成為政黨和派系展現政治實力的重要戰役[81]。檢閱1998年嘉義縣第四屆立委選舉當選人的政黨、派系的屬性以及當選票數(請參閱表10),我們可以發現其正好反映嘉義縣地方政治生態的結構,黃派、蕭家班、林派和民主進步黨分別各掌握一席立委。假如我們以立委當選票數作為衡量派系或政黨實力的指標的話,則黃派的實力大於蕭家班,蕭家班大於林派,林派大於民主進步黨。這個選舉結果有幾個意涵:首先,在嘉義縣黃派的實力大於林派,主要的原因是黃派掌門人李雅景已經擔任兩任的縣長,掌握足夠的地方行政資源來擴充其派系的實力。其次,林派長期在野,實力銳減,甚至比脫離林派的蕭家班還弱[82]。根據 William Gamson 的

---

[81] 政治學者 Bosco 認為,派系之所以不會解散的原因是,因為台灣多席次的選舉制度,使得每個派系能夠選出至少一位立法代表來確保恩寵資源的流動 (Bosco, 1994: 36)。

[82] 林派領導人的訪談記錄。

表 10　1998 年嘉義縣第四屆立委選舉當選人得票數

候選人	黨籍和派系屬性	當選票數
許登宮	國民黨（黃派）	70,709
蕭苑瑜	國民黨（蕭家班）	56,790
陳明文	國民黨（林派）	54,043
何嘉榮	民主進步黨	40,424

資料來源：請參閱中央選舉委員會選舉資料庫，網址：http://www.cec.gov.tw，連結時間為 2007 年 8 月 7 日。

「聯盟理論」，兩個政治實力相對較弱的組織會傾向於合作（Gamson, 1961）。在實際的脈絡中，林派和黃派水火不容，較不可能合作，而林派和民主進步黨合作的可能性較大。在過去的模式中，林派在縣長選舉中，曾經有暗助民主進步黨籍候選人的經驗，雖然最後結果還是以落選收場[83]。2000 年總統選舉，中央的執政黨從國民黨變成民主進步黨，不僅改變了傳統國民黨和地方派系的權力結構，同時也增加林派尋求與民主進步黨進一步合作的誘因。

對於派系領導人來說，除了追求職位和權力之外，派系的存續也是其重要的目標。當派系的領導者無掌握特定的職位或是資源時，其無法提供對於其他派系成員的恩惠和問題解決，因此會流失一些成員和支持者。為了解決組織生存的困境，派系會尋求與其他政治組織合作。與其他的政治組織合作的利弊得失在於派系可以因為合作而取得勝利時，可以增加自己的實力，但是另一方面派系必須提供自身的資源為其他的政治組織進行動員，以作為合作的基礎。在單一職位

---

[83] 林派負責組織動員和策略規劃的兩位重要幹部都談到這個現象和結果。

的選舉如縣長選舉中,當派系和政黨欲選擇合作時,會面臨幾項矛盾。

第一、結構性的矛盾。根據政黨內部的規則,其必須提名自己黨籍的候選人競逐選舉。對於政黨來說,在單一職位的選舉中,較不可能去支持派系所推出的候選人,而未提名自己候選人的情形產生。但對於派系而言,則較為彈性。派系不一定要推出自己的候選人,特別是當派系認為其候選人較難以當選時。亦即,政黨在提名候選人方面較派系剛性,不可能不提名自己的人選,轉而支持派系所提名之人選,但是派系是有可能會支持政黨所提名的候選人。因此,對於派系而言,當其推出深具實力的候選人時,並無法讓政黨放棄自己的提名人選,轉而支持派系的提名,這使得雙方在談合作時,形成一種對於派系的結構性矛盾。

第二、選舉循環的矛盾。在單一職位的選舉中,非執政派系和非執政政黨,為了要打敗執政的政黨或是派系,因而會有合作的誘因和機會,然而在多重職位的選舉中,派系和政黨卻是彼此競爭的對手。在台灣,因為多重席次的立委選舉和單一席次的縣長選舉交替舉行的情況下,派系和政黨即使在縣長選舉時合作,但在立委選舉時則必須要相互競爭。不同選舉循環的制度性矛盾,會使得派系和政黨的合作可能會同床異夢或是較難以真誠的合作。

第三、分配的矛盾。當派系選擇支持政黨所提名的候選人(可能是以暗助的方式),而取得最後勝利時,會產生分配的矛盾。根據聯盟的理論,實力較強的盟友,通常會要求根據比例的原則來分配聯盟所得的利益,亦即根據政治實力的大小來分配選舉結果的利益;而實力較弱的盟友會要求根據均分的原則,來分配聯盟所得的利益(Komorita and Chertkoff, 1973: 152)。我們假定派系的政治實力大於政黨本身的政治實力的條件下,當政黨所推出的候選人因為派系的奧援而當選後,可能有幾種情形。1. 獲勝的政黨當選人只分配少數的政治資源給派系,這樣的結果對於派系最為不利,因為派系可能出力較多,但是獲利最少;2. 獲勝的政黨候選人,為了不得罪政黨和派系,其可能會根據均分的原則來分配。對於政治實力較強的派系來說,並沒有根據其所希望的比例原則(根據實力的大小)來分配,因此在結盟後,即使均分的分配對於政黨方面,認為是較為公平的,但對於派系而言,仍然會有損失,對於派系還是不利。這些考量會使得派系在選擇與政黨合作或結盟時,產生疑慮和矛盾。3. 均分的矛盾。對於政黨來說,即使均分的分配仍會對政黨產生矛盾,因為當資源平均分配的時候,原本派系的實力和組織動員就比政黨強,當派系獲得一半的資源之後,其可能會造成派系的實力增強,超過政黨的實力,使得政黨對於聯盟的效用產生疑慮。亦即,聯盟理論學者所談的,任何一個贏的聯盟中對於較弱的聯盟成員是不利的(Caplow, 2000: 211)。上述這些矛盾會使得派系和政黨無法完全真誠地合作。

當非執政派系選擇不與非執政政黨合作的時候(指的是縣長職位),也會面臨幾項困境。1. 因為執政派系持續的資源壟斷和招降納叛,會使得非執政派系的政治實力日益萎縮。當派系無行政資源可以提供恩惠和幫助時,一些尋求問題解決的成員很容易轉而支持執政的派系,形成強的派系愈強,弱的派系愈弱。2. 當反對執政的政治勢力分裂時,可能會使得執政的派系漁翁得利。當非執政政黨和非執政派系,如無法團結一起對抗執政派系時,不僅無法贏得選舉勝利,還因此會造成執政派系的得利。3. 當非執政政黨實力愈來愈強時,非執政的派系也會面臨非執政政黨的競爭和威脅。以嘉義縣為例,民主進步黨的政治實力在地方政權尚未政黨輪替之前,通常只能掌握一席立委。但是在2000年之後,民主進步黨取得中央執政權之後,民主進步黨在地方的政治實力水漲船高。林派在某種程度上也面臨了民主進步黨在嘉義縣的競爭和挑戰。

　　派系無論選擇和政黨合作,或是選擇不合作都會面臨若干的困境。但是對於派系領導人來說,如何贏得重要的政治職位(如縣長)和維持派系的生存,又是其最重要的兩項任務。因此,派系可能還是會選擇與非執政政黨合作的方式,來達成那些目標。但如果派系單純以支持政黨所提名候選人的方式來合作的話,會面臨到上述所分析的幾項矛盾,因此派系選擇加入政黨可能是一個兩害相權取其輕的結果。雖然加入新的政黨需要轉換原本的標籤,或是改變原本的政黨認同,但是派系仍可繼續在政黨內運作。為何一個政治實力較強的派系,願意加入一個政治實力較弱的政黨?主要的原因是派系得以解決可能的分配問題。實力較強的一方(派系)為了避免較弱的政黨會覺得未來利益所得的分配,是根據實力大小來分配,對其較為不利,進而對於雙方所建立的聯盟產生疑慮,或是為了避免派系遭到政黨的排擠,沒有分配到符合比例的利益,於是實力較強的派系選擇加入實力較弱的政黨,以便解決聯盟維持的困境。當派系在政黨的標籤下運作,就不會有所謂分配多寡或是不均的問題。當大部分的派系成員是政黨黨員之後,派系的縣長要分配政治資源時,較不會有分配不均的問題。以 2005 年的三合一選舉為例,嘉義縣十八個鄉鎮中,林派控制十一個鄉鎮長席次,其中有九個是屬於民主進步黨籍,兩個是屬於無黨籍。因此,隸屬於林派,但不屬於民主進步黨黨員的鄉鎮市長只占少數。林派縣長欲分配行政資源給同屬林派的鄉鎮市長時,較不會出現是否比例適當的問題。以反事實的推論來看,如果林派只有領導者和一些重要幹部加入民主進步黨,而大部分的林派成員只是和民主進步黨結盟合作,而未選擇加入的話,可能面臨以下幾個矛盾:競選過程中出力多寡的問題、聯合行動的協調,和當選後權力的分配。反之,選擇加入政黨之後的好處,除了可以避免上述的矛盾,還有一些優點。首先,可以運用雙重動員,亦即同時透過民主進步黨各黨部系統和林派的後援會來進行動員[84]。其次,在選票方面,派系的組織票加上民主進步黨的理念票可以彌補彼此動員力量的不足[85]。再者,派系宛如寄居蟹一樣,借用政黨的殼,可以繼續存在和運作,一方面獲得政黨的有形和無形的資源來供給派系的養分。派系的實力大為增加。前面提到,2000 年以前,嘉義縣十八個鄉、鎮、市長席次中,林派只占七席(黃派則占十一席);縣議員三十四席中,林派只掌握了六席(黃派則占二十六席,蕭家班佔了兩席)。2005 年的選舉結果顯示,嘉義縣十八個

---

[84] 中國時報(2001 年 1 月 10 日)。林派後援會,陳明文選戰橋樑。中國時報,18 版。

[85] 林派負責組織動員和策略規劃的兩位重要幹部都談到這個現象。

鄉、鎮、市長席次中，林派占了十一席；縣議員三十四席中，林派掌握了二十三席（林奕成，2006：96）。林派的實力宛若昔日黃派聲勢如日中天的時期，甚至有過之而無不及。另一方面，派系的組織可以制度化，透過政黨的架構，來解決派系非正式化組織運作，可能產生的障礙如無法約束派系成員的有效忠誠支持。在政黨內，可以開除黨員黨籍或是停止黨員行使權力，而在派系中，派系領袖對於偏離派系運作的成員，通常無有效的機制可以進行懲罰或是開除。

伍、結論

在台灣存在著地方派系運作的縣市中，嘉義縣是個極為特殊的個案。原本依附國民黨的地方派系——林派，選擇加入民主進步黨，甚至最後促成地方政權的首次政黨輪替。這個現象的特殊之處有二：第一，從選舉競爭角度來看，派系的支持轉移，使得不同政黨的選票支持基礎產生了重大的變化，繼而改變地方的權力結構。第二，派系領導者和成員放棄原先的政黨認同，以加入新政黨的方式為台灣自民主轉型後首次發生的現象。

本文欲透過對於嘉義縣個案的研究來理解民主轉型後，派系和不同政黨之間競爭和合作的關係，以期掌握中央政權政黨輪替之後，新的地方政治結構的樣貌。本文主要的發現是當派系和政黨雙方單純的合作時，會面臨一些矛盾如結構性矛盾、選舉循環的矛盾、分配的矛盾、均分的矛盾，這些矛盾會驅動派系選擇加入政黨的方式，來解決分配利益的問題。實力較強的一方（派系），為了避免較弱的政黨會覺得未來利益所得的分配，是根據實力大小來分配，對其較為不利，進而對於雙方所建立的聯盟產生疑慮，或是為了避免派系遭到政黨的排擠，於是實力較強的派系，選擇加入實力較弱的政黨以便解決聯盟維持的困境。當派系在政黨的標籤下運作，就不會有所謂分配多寡或是不均的問題。

　　整個來看，嘉義縣林派加入民主進步黨的個案，是民主轉型後地方派系政黨化的特殊現象，這個現象可能會出現兩種完全不同的意涵。1. 政黨的運作模式取代原本地方派系的運作模式，派系漸漸弱化或最終消失；2. 在政黨的標籤下，派系的運作模式凌駕於政黨組織的規則，派系仍然強大或持續維繫。以嘉義縣的個案來看，地方派系並沒有消失，而是以一種新的模式繼續運作。另外，雖然一份地方派系人士加入政黨，但仍有一些派系人士並沒有加入政黨。亦即，派系所涵蓋的勢力比政黨還要大。因此，在地方的選舉研究中，我們仍不能排除派系動員這個重要的因素。

參考書目

丁仁方、劉伊晟,2006,〈地方派系與政黨結盟轉移理論之探索——民進黨為何未能瓦解地方派系?〉,發表於中國政治學會年會暨憲政、民主、人權學術研討會。台北:國立政治大學。

王明輝,1994,〈從台灣地方選舉現象談台灣民間社會〉,《思與言》,32:4,頁171-195。

王金壽,2004,〈瓦解中的地方派系:以屏東為例〉,《台灣社會學》,7,頁177-207。

王振寰、沈國屏、黃新高,1994,〈誰統治地方社會:高雄縣個案研究〉,發表於地方社會與地方政治專題研討會。台中:東海大學社會學研究所。

王業立,1998,〈選舉、民主化與地方派系〉,《選舉研究》,5:1,頁77-94。

王業立,2001,《比較選舉制度》。台北:五南圖書。

王業立、蔡春木,2004,〈從對立到共治:台中縣地方派系之轉變〉,《政治科學論叢》,21,頁189-216。

王輝煌、黃懷德,1998,〈經濟安全、家族、派系與國家:由制度論看地方派系的政治經濟基礎〉見徐永明、黃紀編,《政治分析的層次》,頁117-207。

吳芳銘,1995,〈地方派系的結盟和分化變遷之研究:以嘉義縣和高雄縣為例〉。嘉義:國立中正大學政治學研究所碩士論文。

吳重禮,2002,〈台灣地區「派系政治」研究文獻的爭議:美國「機器政治」分析途徑的啟示〉,《政治科學論叢》,17,頁81-106。

卓政防，2005，〈高雄縣地方派系之研究〉。高雄：國立中山大學社會科學院高階公共政策碩士學程在職專班碩士論文。

林奕成，2006，〈網絡政治：農會、派系與地方公職選舉——竹蘭鄉個案研究〉。嘉義：國立中正大學政治學研究所碩士論文。

苗蕙敏，1991，〈台灣地區地方選舉中派系所扮演的角色及其影響：七十八年屏東縣縣長選舉個案分析〉。台北：國立政治大學三民主義研究所碩士論文。

若林正丈，2004，《台灣：分裂國家與民主化》。台北：新自然主義。

唐賞蓉，2003，〈民進黨與地方勢力結盟之研究〉。嘉義：國立中正大學政治學研究所碩士論文。

徐永明、陳鴻章，2004，〈地方派系與國民黨：衰退還是深化〉，《台灣社會學》，8，頁193-228。

涂一卿，1994，〈台灣地方派系的社會基礎：以嘉義縣地方派系為例〉。台中：東海大學社會學系博士論文。

高永光，2001，〈「城鄉差距」與「地方派系影響力」之研究——1998年台北縣縣議員與鄉鎮市長選舉的個案分析〉，《選舉研究》，7：1，頁53-85。

高永光，2003，〈政黨輪替與地方勢力變遷——基隆市的個案分析〉，發表於2003年台灣政治學會暨「世界變遷中的台灣政治」學術研討會。台北：台灣政治學會。

高永光，2004，〈台北縣地方派系與黑道互動模式之研究〉，《選舉研究》，11：1，頁33-72。

陳介玄，1997，〈派系網絡、樁腳網絡及俗民網絡——論台灣地方派系形成的社會意義〉。東海大學東亞社會經濟研究中心編，《地方社會》，頁31-67。台北：聯經。

陳延輝、蕭晉源，2005，《台南縣派系興起與政黨政治的確立》。台北：秀威資訊。

陳明通，1995，《派系政治與臺灣政治變遷》。台北：月旦。

陳明通，2001，《派系政治與臺灣政治變遷》。台北：新自然主義。

陳明通、朱雲漢，1992，〈區域性聯合獨占經濟、地方派系與省議員選舉：一項省議員背景資料分析〉，《國家科學委員會研究彙刊：人文及社會科學》，2：1，頁77-99。

陳東升，1995，《金權城市：地方派系、財團與台北都會發展社會學分析》。台北：巨流圖書。

陳華昇，1993，〈威權轉型期地方派系與選舉的關係——台中縣地方派系的分析〉。台北：國立臺灣大學政治學研究所碩士論文。

陳璿仁，2002，〈民進黨與地方派系勢力變遷之研究——以嘉義縣為例〉。嘉義：國立中正大學政治學研究所碩士論文

程俊，1994，〈台灣地方派系與政黨聯盟關係之研究：屏東縣個案分析〉。台北：東吳大學政治學研究所碩士論文。

黃江正，2001，〈嘉義縣地方派系變遷之研究以第十屆總統、副總統選舉為例〉。嘉義：國立中正大學政治學研究所碩士論文。

黃榮清，2001，〈嘉義縣地方派系結構對選舉影響之研究〉。台北：中國文化大學政治學系碩士論文。

黃德福，1994，〈現代化、選舉競爭與地方派系：一九九二年立法委員選舉的分析〉，《選舉研究》，1，頁75-91。

楊舒媚，2007，〈主導蘇謝命運，陳明文絕招解密〉，《新新聞週刊》，1052，頁16-21。

廖忠俊，2000，《台灣地方派系及其主要領導人物》。台北：允晨文化。

趙永茂，1978，《台灣地方派系與地方建設之關係》。高雄：德馨室。

趙永茂，1989，〈地方派系與選舉之關係：一個概念架構的分析〉，《中山社會科學季刊》，4：3，頁58-70。

趙永茂，1996，〈台灣地方派系的發展與政治民主化的關係〉，《政治科學論叢》，7，頁39-56。

趙永茂，2001，〈新政黨政治形勢對台灣地方派系政治的衝擊——彰化縣與高雄縣個案及一般變動趨勢分析〉，《政治科學論叢》，14，頁153-182。

趙永茂，2004，〈地方派系依侍結構的演變與特質——高雄縣內門鄉的個案分析〉，《台灣民主季刊》，1：1，頁85-117。

趙永茂、黃瓊文，2000，〈台灣威權體制轉型前後農會派系特質變遷之研究——雲林縣水林鄉農會一九七〇及一九九〇年代為例之比較分析〉，《政治科學論叢》，13，頁165-200。

劉佩怡，2002，〈台灣發展經驗中的國家、地方派系、信用合作社的三角結構分析〉。台北：國立政治大學中山人文社會科學研究所博士論文。

蔡明惠、張茂桂，1994，〈地方派系的形成與變遷：河口鎮個案研究〉，《中央研究院民族學研究集刊》，77，春季號，頁125-156。

蔡英志，2006，〈政治生態變遷下地方派系與政黨互動之研究——以嘉義縣陳明文模式為例〉。台中：東海大學政治學系碩士論文。

蘇錦章，2001，《諸羅春秋：嘉義政壇五十年縮影》。台北：聯經出版社。

Bosco, Joseph. 1992. "Taiwan Factions: Guanxi, Patronage, and the State In Local Politics," *Ethnology*, 31(2): 157-183.

Bosco, Joseph. 1994. "Faction Versus Ideology: Mobilization Strategies in Taiwan's Elections," *The China Quarterly*, 137: 28-62.

Caplow, Theodore. 1956. "A Theory of Coalitions in the Triad," *American Sociological Review*, 21(4): 489-93.

Caplow, Theodore. 1959. "Further Development of a Theory of Coalitions in the Triad," *American Journal of Sociology*, 64(5): 488-93.

Caplow, Theodore. 1968. *Two Against One: Coalitions in Triads*. Upper Saddle River, NJ: Prentice-Hall.

Caplow, Theodore. 2000. "Coalitions," In Edgar F. Borgatta. ed., *Encyclopedia of Sociology*: 208-212. New York: Macmillan.

Dahl, Robert. 1961. *Who Governs? Democracy and Power in an American City*. New Haven, CT: Yale University Press.

Eisenstadt, S. N. and Roniger, L. 1984. *Patrons, Clients and Friends: Interpersonal Relations and the Structure of Trust in Society*. New York: Cambridge University Press.

Fox, Jonathan. 1994. "The Difficult Transition from Clientelism to Citizenship: Lessons from Mexico," *World Politics*, 46(2): 151-184.

Gamson, William A. 1961. "A Theory of Coalition Formation," *American Sociological Review*, 26(3): 373-382.

Gallin, Bernard. 1968. "Political Factionalism and Its Impact on Chinese Village Social Organization in Taiwan," In Marc J. Swartz. ed., *Local-level Politics: Social and Cultural Perspective*: 377-400, Chicago, IL: Aldine Publishing Company Press.

Jacobs, J. Bruce. 1980. *Local Politics in Rural Chinese Culture Setting: A Field Study of Mazu Township, Taiwan*. Canberra, Australia: Contemporary China Center, Australia National University.

Kang, David. 2002. *Crony Capitalism: Corruption and Development in South Korea and the Philippines*. New York: Cambridge University Press.

Komorita, S. S. and Chertkoff, J. M. 1973. "A bargaining theory of coalition formation," *Psychological Review*, 80, 149-162.

Landé, Carl H. 1977. "Introduction: The Dyadic Basis of Clientelism" In S. W. Schmidt, James C. Scott, Carl Landé and L. Guasti. eds., *Friends, Followers and Factions: A Reader in Political Clientelism*: xiii-xxxvii. Berkeley, CA: University of California Press.

Mayer, Adrian C. 1966. "The Significance of Quasi-Groups in the Study of Complex Societies," In Michael Banton. ed., *The Social Anthropology of Complex Societies*: 97-121. London: Tavistock Publications.

Nathan, Andrew. 1973. "A Factionalism Model for CCP Politics," *The China Quarterly*, 53(Jan-Mar), 34-66.

Nicholson, Norman K. 1972. "The Factional Model and the Study of Politics," *Comparative Political Studies*, 5(3): 291-314.

Schweller, Randall L. 1993. "Tripolarity and the Second World War," *International Studies Quarterly*, 37: 73-103.

Simmel, George. 1950. *The Sociology of George Simmel*, K. Wolff (trans. and ed.), New York: The Free Press.

Theobald, Robin. 1983. "The Decline of Patron-client Relations in Developed Societies," *European Journal of Sociology*, 24: 136-147.

Wang, Fang. 1994. "The Political Economy of Authoritarian Clientelism in Taiwan," In Luis Roniger and Ayse Gunes-Ayata. eds., *Democracy, Clientelism and Civil Society*: 181-206. Boulder, CO: Lynne Rienner.

Weingrod, Alex. 1968. "Patrons, Patronage, and Political Parties," *Comparative Studies in Society and History*, 10: 377-400.

Wolf, Eric R. 1968. "Kinship, Friendship, and Patron-Client Relations in Complex Societies," In Michael Banton. ed., *The Social Anthropology of Complex Societies*: 1-22. London: Tavistock Publications Press.

Wu, Chung-li. 2003. "Local Factions and the Kuomintang in Taiwan's Electoral Politics," *International Relations of the Asia-Pacific*, 3(1): 89-111.

Wu, Nai-teh. 1987. "The Politics of a Regime Patronage System: Mobilization and Control within an Authoritarian Regime." Ph. D. dissertation. University of Chicago.

Wu, Yu-shan. 1989. "Marketization of Politics: The Taiwan Experience," *Asian Survey*, 29(4): 382-400.

# 第四章

民主進步黨與派系的非正式結盟：
以雲林縣為例

壹、前言

　　2005 年第十五屆雲林縣縣長選舉，是由國民黨和民主進步黨兩大政黨之間進行對決，最後結果由民主進步黨的蘇治芬女士，以 201,192 張選票（53.37%）擊敗國民黨所提名的許舒博先生 167,690 張選票（44.48%）。這次的選舉結果，使得雲林縣第一次由民主進步黨籍的人士入主縣府。其不僅呈現雲林縣從藍天變成綠地的政治板塊變動，同時也彰顯出政黨和派系之間的合縱連橫。我們如果以四年之前的 2001 年第十四屆縣長選舉結果來看，同樣是政黨對決，但民主進步黨所提名的林樹山只獲得 38.5% 的選票，而競爭對手國民黨所提名的張榮味則獲得 61.5% 的選票，進而當選縣長。民主進步黨的選票成長從 38.5% 到 53.37%，變化幅度相當大。這樣的選舉結果衍生了一些重要的問題。是否因為特定派系的奧援支持民主進步黨的縣長候選人，造成雲林縣地方政權第一次的政黨輪替？為何原本與國民黨合作的派系，要暗助民主進步黨？那些因素使得原本合作的派系和國民黨產生分裂，以及原本相互攻擊的派系和民主進步黨反而在選舉中合作？民主進步黨和派系的合作產生了哪些矛盾？民主進步黨縣長的少數政府（民主進步黨籍的縣議員在議會並無過半席次）如何在議會與其他政黨進行合縱連橫？民主進步黨入主縣政後，對於派系發展的影響？政黨和派系合作可能產生哪些矛盾？。搜尋這些問題的答案，可以幫助我們理解民主轉型後，民主進步黨與派系的互動，且歸納出新的雲林縣地方政治之基層圖像。

過去對於雲林縣的派系研究可以分成三個層面來看。第一、對於地方派系的發展過程進行歷史的動態分析，分析過去派系的緣起和消長、界定派系的人士以及分析派系和選舉之間的關係（丁彥致，1994；王良新，2005；黃文賢，2008；鄭東來，2009；蘇俊豪，2004）。第二、以派系的重要組織如農會進行精緻的個案分析（趙永茂、黃瓊文，2001）。第三、從方法論的角度來看，這些研究大多以時間為橫軸，並以結構性的事件為縱軸來解釋雲林縣派系發展的歷程。這些文獻累積了重要的經驗資料和學術成果。本文的哲學基礎立基於這些傳統智慧，進而去補充分析民主轉型後政黨輪替對於派系的影響。

貳、雲林縣的派系發展和定位

雲林縣地方派系的源起與派系領袖掌握地方政權息息相關。派系的名稱通常以領袖的姓名來命名。以下將介紹張榮味的張派、許文志的許派、廖泉裕的廖派和廖福本的福派，以及民主進步黨的蘇治芬縣長。

張派的領導者為張榮味，雲林縣土庫人。張榮味從1990年到1997年擔任雲林縣議會議長，1999年選上雲林縣長之後，正式開啟了雲林縣張派的新紀元。張榮味的崛起，必須要追溯至1970年代雲林縣早期的派系競爭。1972年（第七屆）和1977年（第八屆）的縣長林恒生，創立林派；爾後1981年（第九屆）和1985年（第十屆）的縣長許文志又自立一派，成為許派；繼任者為廖泉裕縣長（1989-1993；十一屆和十二屆），是為廖派。1990年，張榮味選上議員後，受到林派的支持進而當選議長，而當時縣長是廖泉裕與張榮味議長在水利會會長的選舉中決裂，最後是由張榮味所支持的張輝元當選水利會會長（蘇俊豪，2004：154-155）。張榮味擔任議長之後，成為林派中重要的政治領袖，甚至於1997年與當時林派的另一要角省議員蘇文雄角逐第十三屆縣長，並以些微的差距落選。1999年8月蘇文雄縣長後來因病突然逝世，依規定必須進行補選。第十三屆縣長補選的選舉中，國民黨提名縣黨部主委張正雄，民主進步黨提名西螺鎮長林中禮與無黨籍議長張榮味形成三強鼎立。選舉結果張榮味以37.6%贏過民主進步黨林中禮的35.4%，以及國民黨張正雄26.4%的選票。張榮味贏得縣長職位之後，張派勢力如日中天，特別是對於基層農會選舉的控制。2001年的雲林縣鄉鎮農會選舉,就是在張榮味的介入協調下,締造出全縣 20 個鄉鎮農會全部同額選舉的局面,這也是台灣農會選舉中,唯一沒有競爭的地區(王良新,2006:75)。同年縣長選舉,張榮味獲得國民黨提名,以 61.5% 的高得票率輕鬆擊敗民主進步黨提名的縣長候選人林樹山的 38.5%。續任後的張榮味持續將張派的勢力擴大,成為當時雲林縣最大的地方派系。

然而,2000 年因為民主進步黨的陳水扁當選總統,中央的政權結構從國民黨變成民主進步黨所掌握。因此派系面臨要繼續支持國民黨或表面支持國民黨,實際上支持民主進步黨的兩難困境。張榮味在 2001 年縣長選舉,是國民黨所專案報准通過提名的,當選縣長的部分原因是獲得國民黨的支持或奧援。然而,另外一方面,因為當時的中央是由民主進步黨主政,地方有時需要中央的補助或配合,才能進行相關的建設。這些結構性的因素可以部分解釋 2004 年總統大選,雖然張榮味公開力挺國民黨的候選人連戰、宋楚瑜,但是民主進步黨的候選人陳水扁、呂秀蓮,卻在雲林縣大贏八萬三千多票。這個事實說明了派系在政黨輪替之後,所面臨的選擇困境,以及中央政權輪替對於地方政治運作的關鍵影響。

張榮味縣長個人的政治生涯在其所牽涉的司法案件中宣告中斷。2004 年,張縣長任內發生有關林內焚化爐的事件。根據檢方的起訴內容,達榮公司為了取得在雲林縣林內鄉焚化爐的開發經營權,透過中間人士向張縣長行賄,依據貪污治罪條例,張縣長被求處無期徒刑[86]。檢方多次傳喚張縣長

---

[86] 中國時報(2005 年 1 月 18 日)。林內焚化爐過程大事記。中國時報,A4 版。

說明,但是張縣長始終未到案說明,因此檢方於 8 月 26 日發布通緝,一直到 12 月 10 日張榮味縣長才被警方逮捕和被法院羈押。張縣長在被羈押的過程中,另外一個司法案件被判刑確定。因為他在 1994 年雲林縣議長、副議長選舉中,涉及招待議員旅遊,以確保議長選舉的勝利,被最高法院宣判有期徒刑一年,褫奪公權兩年確定[87]。張縣長因為此一司法案件,喪失縣長職位。有關林內焚化爐的案件,在不同的司法層級之審判中,出現了不同結果的轉折。2005 年 10 月,雲林地方法院一審宣判張榮味十四年徒刑、褫奪公權七年[88]。2006 年 5 月台南高分院合議庭改判無罪[89]。張榮味縣長個人的政治生涯,因案入獄而停止擔任公職,但這不表示張派的勢力完全退出地方政壇。張榮味的妹妹張麗善仍然當選第六屆立法委員,之後第七屆立委選舉由張榮味的女兒張嘉郡繼續接棒延續家族的政治勢力,在雲林縣第一選區(海線的選區)的單一席次中脫穎而出。另外,支持張榮味的派系次級領袖在雲林縣議會仍掌握不少的席次,在下文中會有深入的探討。整體來看,張派目前仍是雲林縣最大的地方派系,雖然其影響力已經不如從前。

前縣長許文志的許派,由其兒子許舒博繼續薪傳發展。許舒博曾經擔任第三到第七屆的區域或不分區立委(1996-

---

[87] 黃錦嵐、許素惠(2005 年 3 月 11 日)。83 年議長賄選案,張榮味判刑一年。中國時報,A4 版。

[88] 許素惠(2005 年 10 月 29 日)。假釋在即,張榮味未必能獲釋。中國時報,A4 版。

[89] 黃文博、許素惠(2006 年 5 月 11 日),張榮味變無罪,雲林地院決提上訴。中國時報,A10 版。

2009），並於 2005 年與民主進步黨籍的蘇治芬競爭雲林的百里侯，不幸敗北。2011 年與民主進步黨所提名的劉建國競爭雲林縣第二選區的立委，最後仍然不敵劉建國的高支持度。整體而言，許派在許文志縣長時代是其發展的頂峰，之後仍得以掌握一席山線的立委來繼續延續派系的命脈。如果 2005 年縣長選舉中許派所推出的許舒博能夠整合派系成功的話，許派必能成長壯大。因為張派的策略計算和自我派系的利益考量，許派未能爭取到張派的支持進而問鼎縣長職位，使得該次的選舉成為許派勢力下滑的歷史分水嶺。之後許派雖然得以獲得國民黨提名再次挑戰立委席次，但仍然無法阻擋民主進步黨在山線選舉的高漲民意之支持聲勢。

除了張派和許派之外，雲林縣還有一些其他的派系如廖派和福派。廖派是以廖泉裕縣長為領袖所發展的派系。廖派在 1989 至 1993 年廖泉裕擔任縣長期間，是其鼎盛時期，兩任縣長之後，派系實力大不如前。福派是指立委廖福本，其曾經擔任第二屆到四屆（1993-2002）的立法委員，福派的成員是由一些鄉鎮長組成，如前古坑鄉鄉長謝淑亞（廖福本立委的媳婦、目前為斗六市市長）等。

2005 年雲林縣縣長選舉產生了第一位民主進步黨籍的女性縣長蘇治芬。蘇治芬出身於雲林北港的黨外政治家族。父親蘇東啟和母親蘇洪月嬌積極參與台灣的民主運動，白色恐怖時期前後被捕入獄。蘇洪月嬌當選過黨外和民主進步黨時期的省議員。蘇治芬受到雙親的政治啟蒙，積極投身民主和反對運動，曾經擔任第三屆國大代表及第四屆立法委員。

2005年的政治結構對於民主進步黨相當有利。第一、張派的領導者張榮味身陷囹圄，張派本身自顧不暇。第二、國民黨所提名的許派與張派過去有一些矛盾，兩者無法整合成功。第三、民主進步黨整合成功，原本欲參選的林國華立委後來擔任農委會副主委，因而退出選舉。第四、中央政權是由民主進步黨主政，行政資源或是相關的輔選，對於民主進步黨的選情有加分的作用。最後選舉結果由民主進步黨利用派系的分裂，第一次贏得雲林縣縣長的職位。

參、民主進步黨和派系的結盟與矛盾

2005年底的縣市長選舉中，雲林縣是唯一由藍變成綠的縣市，同時民主進步黨輪替掉在雲林執政五十年的國民黨。這次選舉讓民主進步黨在派系綿密的雲林縣取得重要的灘頭堡。為何民主進步黨能夠贏得雲林縣縣長職位？是什麼樣的政治機會結構（political opportunity structure）讓民主進步黨可以贏得相對多數？基本上在雲林過去的縣長選舉中，民主進步黨常常居於劣勢。如1997年縣長選舉結果可以看出，如表11。國民黨所提名的蘇文雄，在無黨籍的張榮味瓜分票源的情況下，依然擊敗民主進步黨的廖大林，贏得縣長的職位。另外，從這個結果來看，無黨籍的張榮味雖然未贏得選舉，但是其也獲得高達34.04%的選票，足以顯現其派系在地方上的政治實力。97年的雲林縣縣長選舉中，民主進步黨只能屈居第三。

四年之後的2001年縣市長選舉則是政黨對決的情形，如表12的結果。由國民黨提名的張榮味對決民主進步黨提名的

表 11　1997 年雲林縣縣長選舉結果

候選人	黨籍	得票	得票率	當選
蘇文雄	國民黨	125,376	34.93%	是
歐明憲	無黨籍	6,882	1.92%	否
張榮味	無黨籍	122,126	34.04%	否
廖大林	民主進步黨	104,499	29.11%	否

資料來源：中央選舉委員會。

表 12　2001 年雲林縣縣長選舉結果

候選人	黨籍	得票	得票率	當選
張榮味	國民黨	205,500	61.5%	是
林樹山	民主進步黨	128,475	38.5%	否

資料來源：中央選舉委員會選舉資料庫。

林樹山。民主進步黨的選票比上一屆只成長了 9.4%，最後獲得 38.5%，而張榮味的派系和國民黨整合成功，獲得了高達 61.5% 的選票。此一選舉結果確立了張派在雲林縣主導和優勢的地位，同時也凸顯民主進步黨和國民黨或民主進步黨與派系之間的極大差距。四年後，民主進步黨如何突破派系主導的困境，贏得縣長的職位是本文所要回答的研究問題之一。

一、黨內的同志比黨外的敵人更可怕

三方聯盟理論提到，當 A > B > C 且 A < B + C 時，C 會偏好 BC 的聯盟而不是 AC 的聯盟，因為 C 會期望較強的 A 將會要求一個較大所得的分配，以符合其較優越的地位；BC 的聯盟是最輕易獲得的聯盟（the cheapest coalition）（Gamson, 1961: 378）。以雲林縣的例子而言，與三方聯盟

理論的預測不同,其結果是 AB 聯盟,請參閱圖3。在 2004 年的時空背景下,張派為 A;B 為民主進步黨;而 C 為國民黨或國民黨所支持的許派。以政治實力來說,張派大於民主進步黨大於許派,如 A > B > C。以意識型態的距離來說,張派和許派與國民黨有合作的經驗,兩者較為接近。為何張派選擇開放其樁腳,支持民主進步黨蘇治芬選縣長,而不是支持許派所推出而獲得國民黨提名的許舒博。張派如果與許派合作,一旦許派選上,可能會贏者全拿,對於派系的發展極為不利(受訪者 A1;A2)。這個策略的選擇,說明了黨內的同志有時比黨外的敵人更可怕。A 選擇支持 C,可能會讓 C 握有地方的執政權,但 A 因為掌握一定的政治實力,以後還是有機會可以問鼎縣長職位。張派支持蘇治芬的證據如下。雲林縣農田水利會會長張輝元在考量派系利益下,雖該水利系統並未公開助選,但放任蘇治芬陣營對各水利工作站、小組長等進行挖樁協助拉票,所採取的「模糊策略」,亦即不公開站台結盟合作模式(黃文賢,2008:138)。另外,許派的候選人在這次選舉之後,接受訪談提到:

誰說張派是暗助蘇治芬,這不是暗助,而是明助,選前張派直接下達指令,表達支持蘇治芬,這是大家都知道的事,我也知道,但是國民黨中央黨部希望派系間以和為貴,逼我不能反擊,當時我也考量到,只要張派不反國民黨,開放讓支持者自由投票,我就可以過關,沒想到他們直接下達指令支持蘇治芬(鄭東來,2009:545)。

再則,另一個事後可以得到佐證的證據是蘇治芬縣長選後任用雲林農田水利會會長張輝元(張派的次級領袖)的兒子張哲誠擔任縣政府的主任秘書。這項任命可以間接推論出蘇治芬得到張派的支持。然而,張派在 2005 年 12 月的三合一選舉結果中,全縣二十個鄉鎮有十三個鄉鎮是屬於張派所推出的候選人;四十三席的縣議員中,張派可以掌握二十三席;正、副議長(蘇金煌、沈宗隆)也是張派所推出的人選(黃文賢,2008:66)。這顯示即使民主進步黨贏得縣長職位,張派還是掌握地方政壇如縣議會的重要職位。

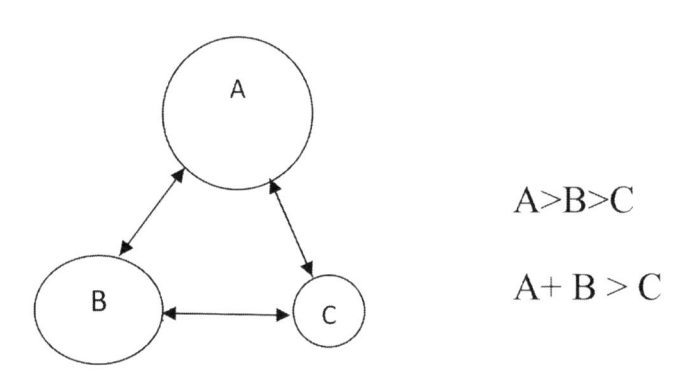

$$A > B > C$$

$$A + B > C$$

圖 3　雲林縣國民黨、民主進步黨和派系三方關係圖

二、沒有永遠的敵人,也沒有永遠的朋友或敵人的敵人是朋友

派系政治詭譎多變,很難形成一個固定的聯盟。例如派系成員會因為選舉利益的衝突,選擇離開派系,或是因為勝選的考量,而與先前的敵人盡棄前嫌。這種現象在派系以個

人的交換或依恃關係為主要運作基礎的例子中特別明顯[90]。換言之，有些派系是所謂山頭的組合，由不同的領袖在不同的地方政治領域握有重要的職位或資源。這些派系領袖因為選舉而結盟，兩者的關係是互利共生，但這些派系領袖也可能因為選舉而分裂，當兩者權力競逐出現衝突時，派系領袖可能會離開派系自立門戶，或是與其他黨派的政治人物結盟來跟過去的盟友對抗。雲林縣張派的發展可以作為相關的佐證，張派過去的派系結構比較穩定，是屬於兩大領袖合作的雙元系統。例如張派的張榮味掌握農會系統，而張輝元則掌握水利會系統。

兩大領袖的合作關係在 2009 年的雲林縣第二選區的補選事件中正式決裂。2009 年原本雲林第二選區的立委張碩文（張輝元的兒子）因為賄選案的關係，經由民主進步黨的立委參選人劉建國提起當選無效的官司，最後業經法院判決確定當選無效，依照選罷法規定必須進行補選。這場補選的選舉是雲林縣政黨和派系互動變化的重要分水嶺。在這場補選的選戰中，國民黨徵召雲林科技大學副教授張艮輝，民主進步黨由提告的劉建國上陣，張輝元以無黨籍身分堅持參選，形成三強鼎立的局面。在這次的選舉中，張輝元正式與張榮味決裂，張榮味並在張艮輝成立競選總部宣稱張輝元已與蘇治芬聯合陣線；且張碩文並於選舉期間在電視媒體指稱張艮

---

[90] 在嘉義縣派系運作較為制度化，派系成員會有出走的現象，但是大部分的核心成員比較會有派系的認同感。雲林縣的地方派系比較非制度化和個人化，因此流動的可能性比較高或分分合合的情形比較明顯。

輝於動員遊覽車上有發走路工的情況,並發出「青埔[91]宮政治普渡拜拜」文宣,提出棄 2 保 1,即棄張艮輝保張輝元,並影射張榮味為青埔宮主委,凡欲參加選舉者皆要至青埔宮擲筊請示張主委,若允筊硬要參選,就如同張輝元父子一樣歹選(鄭東來,2009:426)。這份文宣正式宣告張派雙元領袖的決裂,張榮味提到張輝元與民主進步黨的結盟,而張輝元認為張榮味大權獨攬派系的決策,左右其他政治人物的參選。這場補選的結果是民主進步黨的劉建國,以 58.81% 的選票擊敗國民黨的張艮輝 23.18% 的選票,而張輝元也取得了 18.01% 的選票。如果我們加總張艮輝 23.18% 的選票和張輝元 18.01% 的選票,總共是 41.19%。與民主進步黨的劉建國 58.1% 仍有一段不小的差距。這樣的選舉結果不僅讓民主進步黨在雲林縣兩個選區中攻下一席的立委,同時其也刻劃了雲林最大派系張派二元領袖的正式決裂。

派系政治的運作如同英相邱吉爾所言:「政治沒有永遠的敵人,也沒有永遠的朋友」。派系領袖張榮味與張輝元因為選舉而緊密合作,卻也因為選舉的競爭而產生決裂。敵友關係的變化如發生在三方的互動關係下,會產生「敵人的敵人是朋友」的現象。民主進步黨過去與派系的關係是屬於敵對競爭的關係,但是為了勝選的目的,民主進步黨必須尋求派系的奧援,勝選之後也必須提供相關的職位或資源來拉攏派系。例如,蘇治芬經由張派(張輝元系統)的奧援得以政黨輪替,選後也進行相關的職位分配,派系成為民主進步黨的戰友。但是兩個非正式結盟的關係可能只是因為選舉的短暫結合,選舉過

---

91 青埔位於雲林縣虎尾鎮,是前縣長張榮味目前所居住的地方。

後可能還是會出現同床異夢,或是反目成仇的現象,端看議題的不同而有所不同。應用第一章的分析架構,民主進步黨與地方派系的非正式關係是屬於脆弱的密友主義關係。

從政治版圖的演變來看,民主進步黨和派系的非正式結盟之前,第十五屆縣議會(2002-2005),民主進步黨在43席的縣議員席次獲得7席(16.27%)(蘇俊豪,2004:274)。第十七屆縣議會選舉(2009-2013),在民主進步黨和派系非正式結盟之後,民主進步黨獲得14席(32.5%),是倍數的成長。反觀張派,第十五屆總席次43位議員中,有22位議員(51.16%)隸屬於張派,至第十七屆縣議會中,張派只剩下9位議員(20.9%)。張派在縣議會實力銳減的原因是因為有些議員派系出走,自立新的政團(跨黨聯盟[92]),而剩下的九位議員則另外成立誠信聯盟政團。我們將在後面的部分分析為何張派會發生分裂,以及分裂對於雲林地方政治的影響。

三、多黨體系下雲林縣議會和縣政府的立法行政之互動

第十六屆(2005-2009)雲林縣議會的政治動態,主要是三個政黨之間的互動,國民黨、無黨聯盟和民主進步黨。國民黨的議員有19位、無黨聯盟有14位、民主進步黨或比較支持民主進步黨的議員只有11位,總共有44位(受訪者A2)。國民黨和無黨聯盟的人數加起來超過半數許多,成為朝小野大的分立政府(或稱之為少數政府)的型態。分立政府下,行政和立法機關的衝突程度,可以從預算刪減和預算

---

[92] 這個政團的名稱有演變的歷程,最早稱之為無黨自主聯盟,目前稱之為跨黨聯盟。

覆議是否通過等議題看出。雲林縣政府 97 年度總預算，歲入原列預算兩佰三十五億五千萬元，歲出原列預算兩佰四十億零五千萬元，在縣議會甫結束的定期大會審議中，歲入被刪除四十二億兩千多萬元，歲出被刪減八億七千多萬元；雲林縣政府提出覆議案，最後只恢復部分預算共一億三千多萬[93]。歲入預算部分被刪減的幅度高達 17.9%，而歲入預算被刪減的幅度為 3.6%。

另外，雲林縣林內鄉焚化爐事件凸顯前後任縣政府的不同決策，以及縣府和議會之間的政治角力。雲林縣林內鄉焚化爐興建計畫於 2002 年，由張榮味縣長主政的雲林縣政府與達榮環保股份有限公司（簡稱達榮公司）完成簽約，之後持續動工，一直到 2006 年 8 月 9 日，由蘇治芬縣長主政的雲林縣政府，以三項理由如達榮公司於環境影響說明書中，未充分揭露對於林內淨水廠的影響、達榮公司隱瞞其人員賄賂縣府相關官員、達榮公司未得雲林縣政府事前書面之同意即變更設計，片面宣布停建林內焚化爐，終止與達榮公司的合約，本案業經中華民國仲裁協會於 2008 年 9 月 30 日完成仲裁決議，雲林縣政府需要賠償 29 億五千萬給達榮公司（蔡清旭，2011）。雲林縣縣政府為了解決鉅額賠償金的問題，計畫向銀行團聯貸來支付，但是此項計畫需經由議會審議通過，如果此案在議會懸而未決，縣府一天就要多付廠商 41 萬元利息，一年高達 1 億 4 千多萬元[94]。

---

[93] 葉子網，2007，雲林 97 年度總預算覆議案部分未過關。資料引自 http://www.epochtimes.com/gb/7/12/17/n1945223.htm，2012 年 5 月 2 日。

[94] 雲林縣全球資訊網，2010，關於焚化爐仲裁款聯貸案，縣府提出說明。資料引自 http://www.yunlin.gov.tw/newskm/index-1.asp?m1=6&m2=45&id=201003300001，2012 年 5 月 2 日。

林內焚化爐的聯貸案在第十六屆三黨分立的縣議會一直被否決,即使到了第十七屆四黨林立的縣議會會期還是被否決,累計有 13 次,2011 年 1 月 20 日,縣政府再度提請焚化廠基金的覆議案,議會有 25 人出席（總數 43 人,超過半數議員出席）,20 位議員投票再次地否決覆議案（段鴻裕,2011）。林內焚化廠賠償的聯貸案可以說是府會中行政和立法衝突最嚴重的一個案例。

　　第十七屆（2009-2013）雲林縣議會主要是四個政黨或政團之間的互動。無黨聯盟分裂成兩個政團。一個是跨黨聯盟,另一個是誠信聯盟。第一,跨黨聯盟的一些成員原本是屬於張派的嫡系成員,因為與張派的運作理念不合,後來與張派漸行漸遠,最後脫離張派,籌組新的政團；其中一部分的跨黨聯盟的成員則是因為原本屬於國民黨,因故脫離國民黨之後,不願意加入民主進步黨,因而選擇加入跨黨聯盟；有一部分的成員是因為與縣長蘇治芬的互動關係良好,選擇加入跨黨聯盟（受訪者 A2）。張派之所以分裂的原因是張派領導者已經無掌握重要的政治職位,較難像以前一樣發號施令,以及有些過去追隨張榮味的議員,政治歷練日益豐富,有自己的主見和政治的盤算,與原本張派的考量不同,因此選擇走自己的路,另組政團。第二,誠信聯盟主要是由張派的嫡系議員所組成。這兩個政團加上原本國民黨和民主進步黨形成四個政黨的互動。在立法的過程中,民主進步黨和跨黨聯盟組成最小贏的聯盟（the minimum winning coalition）（Riker, 1962）。雲林縣議會有四十三席,跨黨聯盟有九席,加上民主進步黨的十四席,總共有二十三席,剛好過半；而國民黨有十一席,誠信聯盟則有九席,兩者結合成少數反對的聯盟(受訪者 A3)。連任後的蘇治芬縣長在議會中,因有多數聯盟的支持,推展相關的預算和法案比較順利(受訪者 A4)。雖然如此,第十七屆雲林縣議會與縣政府主要的爭端,與設在雲林縣麥寮鄉的台塑石化第六座輕油煉解廠(簡稱六輕)有關。

六輕選廠址的過程中,曾經考慮設在宜蘭利澤工業區,但此舉遭受當時宜蘭縣長陳定南和一些縣民的反對,後來選擇雲林縣麥寮鄉來落腳設廠,當時雲林縣縣長廖泉裕和議長張榮味皆表示高度支持。六輕設立之後,根據其估計,2010 年產值已達 1 兆 4,390 億元,佔當年度 GDP 之 10.6%。六輕對於台灣經濟發展有不可抹滅的貢獻之餘,其同時也對於雲林縣沿海鄉鎮產生了安全和健康威脅的問題。六輕從 2010 年 7 月 25 日到 2011 年 7 月 26 日,一年間總共發生七次大火。雲林縣政府主張,長期的空氣污染加上接連的工安事件,雲林縣的鄉親不願再忍受這樣的生活環境,縣長蘇治芬除要求六輕補償農漁民損失 5 億元,並指示農業處建立農損賠償機制,且進行農業發展安定基金協商會議;2011 年 8 月 16 日與台塑集團達成共識,雙方協議由台塑公司分四年提撥 30 億元,作為農業發展安定基金使用,專用於農業發展[95]。雲林縣議會一些議員有關農業發展安定基金的執行內容和方式與縣政府有不同意見,例如認為基金必須完全用於受六輕牽連的縣民,才符合其補償目的和原意;然而,行政部門會認

---

[95] 雲林縣全球資訊網,n.d.,雲林縣農業發展安定基金簡介——成立背景。資料引自 http://ifarm430.yunlin.gov.tw/content/index.asp?Parser=1,3,15,2012 年 5 月 2 日。

為這是屬於行政權的範疇，議員只能有建議權，否則會形成立法權凌駕行政權的問題[96]。另外，雲林縣政府獲得台塑六輕指定用途的捐款十億，計畫蓋布袋戲傳習中心、國際會議中心及農業博覽會。有些議員認為該款項的適法性出現了問題，在議會中表示強烈反對的聲音；這些反對的議員包含跨黨聯盟、國民黨和誠信聯盟[97]。原本支持縣政府的議會聯盟政黨──跨黨聯盟，在這件議題上也加入國民黨和誠信聯盟成為反對黨。六輕工安意外的大火顯然也延燒到地方議會來。整體而言，相較於前一屆蘇治芬縣長的分立政府，本屆雲林縣政府在議會中多數聯盟的支持下，比較能推展相關的施政和作為。

肆、派系和政黨的競合

在單一選區多數決的情形下，如果是兩個政黨之間的競爭，則選舉的勝負端看兩大政黨在地方政治上的實力對比。以雲林縣地方政治的發展歷程來看，雲林縣一直是藍大於綠的政治版圖。2005 年的縣長選舉，民主進步黨面對國民黨未能整合派系的情況下，才得以贏得縣長職位。也就是說，敵對陣營的分裂，使原本相對弱勢的政黨，能夠贏得選舉競爭，本來是藍大於綠變成綠大於藍。為何國民黨不能像過去一樣

---

[96] 筆者在 2011 年 5 月雲林縣議會定期會的施政總質詢所觀察的現象。另外，在第十七屆議會會期中，雲林縣議會也將一些法案如雲林縣強制拆除違章建築收費自治條例、雲林縣公立國民中小學委託私人辦理自治條例、雲林縣文化基金會預算、100 年度農業安定基金等法案議事阻絕未通過（受訪者 A3）。

[97] 筆者於 2011 年 5 月參加雲林縣議會定期會進行的田野觀察，發現三個政黨在施政總質詢時，都嚴正地質疑十億捐款的適法性。

整合派系成功的原因在於中央政權的結構性轉變。當國民黨無掌握中央政權時，派系較不願意聽命於國民黨，或是派系選擇走自己的路。然而，如果這樣的論述可以成立，為何在2009 年的縣長選舉中，中央的政權結構換成國民黨執政，國民黨還是未能贏得縣長選舉？2009 年雲林縣縣長選舉之前，國民黨面臨了陣前換將的難題。受到先前雲林縣立委補選的政治恩怨影響，國民黨雲林縣縣長提名人張麗善立委（張榮味的胞妹）突然宣布退出縣長選舉[98]。後來國民黨只好推出雲林科技大學吳威志副教授應戰。選舉結果為民主進步黨候選人蘇治芬以 65.37% 的選票，擊敗國民黨候選人吳威志34.63% 的選票，請參閱表 13。

　　兩者之間的差距頗為懸殊。提名學者或是黨的幹部參與地方政治的選舉策略，在早期國民黨威權統治的時代稱之為派系替代（陳明通，1995）。1964 年國民黨提名黨工幹部廖禎祥參選縣長，廖禎祥縣長最後得以連任兩屆。2009 年縣長選舉的派系替代策略可以說是完全失敗，從選舉結果來推敲，雲林的地方派系並未鼎力支持，使得國民黨候選人的選

表 13　2009 年雲林縣縣長選舉結果

姓名	黨籍	得票	得票率	當選
蘇治芬	民主進步黨	229,958	65.37%	是
吳威志	國民黨	121,832	34.63%	否

資料來源：中央選舉委員會選舉資料庫。

---

[98] 詹士弘、王寓中、鄭旭凱、黃淑莉、陳曉宜，2009，立委敗選效應雲縣長提名人張麗善退選。資料引自 http://news.ltn.com.tw/news/focus/paper/338938，2012 年 5 月 4 日。

舉得票結果,只剩下國民黨基本盤的支持者。派系可能的盤算是如果讓非派系人士掌握縣府權力和資源,則對於派系的發展極為不利。當然,民主進步黨獲勝對於派系的發展也會產生很大的衝擊。如同先前我們談到的邏輯,黨內的同志比黨內的敵人更可怕。派系可以休養生息,等待下一屆民主進步黨縣長任滿之後,可以繼續再戰,贏得地方政權。為何雲林縣民主進步黨的縣長在執政一任之後,可以由選票 53.37% 成長至 65.37%,而不是像其他民主進步黨的縣市長在競選連任的選舉時通常會流失選票。造成這項結果的部分原因是台灣地方選舉制度的影響。台灣的縣議員是採取單記不可讓渡投票法(SNTV),或是稱之為中選區制度,亦即一個選區可以選出數位的候選人。例如雲林縣第一選區有九位議員席次、第二選區有六位、第三選區有八位、第四選區有七位、第五選區有六位、第六選區有六位。所有選區都是多席次的情形。蘇縣長除了支持民主進步黨的黨籍議員之外,還可以有餘力去支持一些無黨籍的黨友議員(受訪者 A5)。以通俗的話來說,縣長這隻母雞可以帶領兩群不同的小雞,進而當選。如果縣議員是採取單一選區相對多數決(SMD)的話,民主進步黨的縣長很難形成跨黨派的支持。因為 SNTV 的制度設計,對於掌握行政資源的政黨相對有利。

　　民主進步黨與派系的非正式聯盟運作的方式為民主進步黨介入派系的運作、民主進步黨以普遍主義的方式來進行資源分配、原本宿敵的派系領袖選擇重新修好。一、民主進步黨選擇介入派系運作。2010 年水利會選舉一役,正可以說明民主進步黨試圖介入派系的運作。此次選舉,蘇治芬縣長支持張輝元系統的張哲誠（張輝元的兒子），而張榮味系統支持林文瑞競逐會長職位。選舉結果張榮味系統略勝一籌。地方政治可以說是詭譎多變，實力消長互見。先前本文提到，2009年補選，蘇治芬所支持的劉建國議員參選立委落敗後，提出立委當選人張碩文（張輝元的兒子）之選舉當選無效官司，業經法院確認當選無效定讞，得以進行補選。一年後，民主進步黨與張輝元系統仍然攜手合作來對抗張榮味系統，讓人有此一時非彼一時也的感覺。二、民主進步黨籍的縣長會運用地方建設基層經費（或稱之為小型建設工程款），分配給議會不分任何黨派的議員（受訪者A2）。這與在美國國會中肉桶立法的普遍主義（universalism）相類似，每位國會議員可以分配到一些建設經費，同時也不會去反對別的議員的方案（Niou and Ordeshook, 1985）。台灣其他縣市的地方議會如台中縣也有類似的例子（湯京平、吳重禮、蘇孔志，2002）。某種程度來說，普遍主義可以化解部分行政和立法互動所產生的衝突。另外，因為台灣地方行政權的制度設計是屬於首長制或總統制，縣長掌握行政職位的任用和預算分配執行的重要權力，除了議會監督質詢的時間，行政系統可以發揮的空間相當大，有些議員常常會向行政機關進行各種人民的請託，縣長或各局處首長可以透過選擇性的誘因（selective incentive）分配來與議員建立關係（受訪者A2；受訪者A3）。集體性的誘因加上選擇性的誘因，使得只占有議會少數席次的民主進步黨籍縣長，仍可以順利推動施政，雖然其檯面上要面對反對黨議員砲火猛烈的質詢和詰問。三、民主進步黨積極與張輝元系統的合作，使得原本是派系宿敵的張榮味系統與許舒博系統選擇重修舊好。張榮味在2011年的斗六市長補選一役中,與許派的許舒博合作支持謝淑亞,後來當選市長,張派、許派十九年的派系恩怨在兩位領導者握手言和之後解凍,主要原因是綠大於藍的政治板塊的移動,讓張派和許派必須一起合作來對抗民主進步黨[99]。張派和許派合作的效果,在下一次的縣長選舉中便可以觀察到,讓我們先拭目以待。最後,民主進步黨和派系結合的矛盾,是派系成員最終不可能加入民主進步黨,派系之所以支持民主進步黨,很可能只是派系短期的計算和考量,這個非正式聯盟的維繫關鍵,在於民主進步黨籍縣長個人如何進行政治的交換以及派系之間的矛盾程度。從政治板塊的劇烈變動來看,雲林縣民主進步黨籍的縣長之合縱連橫的能力,顯然產生關鍵性的影響。其讓民主進步黨在雲林縣的選票大幅成長,得以和派系平分秋色,甚至是贏過派系。

---

[99] 鄭旭凱,2011,〈中部〉藍營大和解張、許派19年恩怨解凍。資料引自 http://news.ltn.com.tw/news/local/paper/522519,2012年5月4日。

參考書目

丁彥致，1984，〈台灣地區選舉與地方派系之關係——1981 年至 1992 年雲林縣之個案研究〉。高雄：國立政治大學中山學術與國家發展研究所碩士論文。

中國時報（2005 年 1 月 18 日）。林內焚化爐過程大事記。**中國時報**，A4 版。

王良新，2005，〈雲林縣地方派系之變遷〉。嘉義：國立中正大學政治學研究所碩士論文。

段鴻裕（2011 年 1 月 20 日）。雲林焚化廠基金覆議案否決，爛攤推中央。聯合報，B1 版。

許素惠（2005 年 10 月 29 日）。假釋在即，張榮味未必能獲釋。中國時報，A4 版。

陳明通，1995，《派系政治與台灣政治變遷》。台北：新自然主義。

湯京平、吳重禮、蘇孔志，2002，〈分立政府與地方民主行政：從台中縣「地方基層建設經費」論地方派系與肉桶政治〉，《中國行政評論》，12：1，頁 37-76。

雲林縣全球資訊網，2010，關於焚化爐仲裁款聯貸案，縣府提出說明。資料引自 http://www.yunlin.gov.tw/newskm/index-1.asp?m1=6&m2=45&id=201003300001，2012 年 5 月 2 日。

雲林縣全球資訊網，n.d.，雲林縣農業發展安定基金簡介——成立背景。資料引自 http://ifarm430.yunlin.gov.tw/content/index.asp?Parser=1,3,15，2012 年 5 月 2 日。

黃文博、許素惠（2006 年 5 月 11 日），張榮味變無罪，雲林地院決提上訴。中國時報，A10 版。

黃文賢，2008，〈地方派系與政黨結盟影響選舉結果之探討：以雲林縣（1997-2008）為例〉。嘉義：國立中正大學政治學研究所碩士論文。

黃錦嵐、許素惠（2005 年 3 月 11 日）。83 年議長賄選案，張榮味判刑一年。中國時報，A4 版。

葉子綱，2007，雲林 97 年度總預算覆議案部分未過關。資料引自 http://www.epochtimes.com/gb/7/12/17/n1945223.htm，2012 年 5 月 2 日。

詹士弘、王寓中、鄭旭凱、黃淑莉、陳曉宜，2009，立委敗選效應雲縣長提名人張麗善退選。資料引自 http://news.ltn.com.tw/news/focus/paper/338938，2012 年 5 月 4 日。

趙永茂、黃瓊文，2000，〈臺灣威權體制轉型前後農會派系特質變遷之研究——雲林縣水林鄉農會一九七〇及一九九〇年代為例之比較分析〉，《政治科學論叢》，13，頁 165-200。

蔡清旭，2011，〈BOO 垃圾焚化廠仲裁事件之分析研究：以雲林縣林內鄉焚化廠為例〉。雲林：雲林科技大學環境資源管理研究所碩士論文。

鄭旭凱，2011，〈中部〉藍營大和解張、許派 19 年恩怨解凍。資料引自 http://news.ltn.com.tw/news/local/paper/522519，2012 年 5 月 4 日。

鄭東來，2009，〈雲林縣政黨與派系之變遷（1981-2009）〉。嘉義：國立中正大學政治學研究所碩士論文。

蘇俊豪，2004，〈雲林縣地方派系變遷及其與選舉關係之研究〉。台北：銘傳大學公共事務學研究所碩士論文。

Gamson, William A. 1961. "A Theory of Coalition Formation," *American Sociological Review*, 26(3): 373-382.

Niou, Emerson M. S. and Ordeshook, Peter C. 1985. "Universalism in Congress," *American Journal of Political Science*, 29(2): 246-258.

Riker, William. 1962. *The Theory of Political Coalitions*, New Haven, CT: Yale University Press.

附錄

受訪者編號：（本文不用具體的職稱或名稱的原因，是為了保護受訪者）

A1：雲林縣派系領袖

A2：雲林縣派系次級領袖和議會政團的總召

A3：雲林縣議會主任

A4：雲林縣政府局處首長

A5：雲林縣無黨籍縣議員

第五章
結論與建議

　　本文的研究框架主要是透過政治密友主義的架構來分析台灣民主轉型後地方派系之運作態樣,同時並分析雲嘉南三個縣市不同派系的運作模式,如雲林縣政黨與派系的非正式合作、嘉義縣派系加入政黨的過程,以及台南縣鄉鎮派系金字塔結構的鬆動。這樣的研究路徑不僅建構了地方派系新的理論架構,同時也分析了地方派系的多樣輪廓。亦即讓脈絡化的個案研究和一般化的理論架構可以進行呼應或對話,而不只是在單純地描述雲嘉南地方派系的發展和運作。本書的每一個章節都有個別的問題意識和經驗資料的驗證。貫穿不同章節的核心目的是去解釋民主轉型後地方派系新的運作模式。本書發現地方派系並沒有消失,其只是用不同的方式來因應政治結構的變遷和轉化。

　　地方派系對於民主政治是不是屬於必要之惡,或是地方派系會慢慢地被政黨所取代或替換。還是不管政黨的社會基礎有多廣，地方派系依然可以持續地運作等這些問題值得我們加以深思。參加地方派系通常沒有一定的入派程序，在選舉時幫忙動員和支持的政治人物，就可能被認定是屬於同一派系的成員。當然，有些派系人士會發生所謂轉換派系的現象，例如原本支持某一個派系的領袖或次級領袖或樁腳轉換到成支持敵對的派系之情形。另外，地方派系的領袖或次級領袖通常會幫忙樁腳解決各式各樣的問題例如人事請託、糾紛排解、社會救助等。如果派系領袖和次級領袖有擔任縣長職位或縣議員身分時，較能透過職位的權威或是資源來進行選民服務。而且這些交換將來可能會變成支持的選票。也就是說，地方派系領袖的政治支持基礎不一定只依循政黨的標籤，只要他們可以獲得一些樁腳和選民的支持，他們就可以延續自己的政治職位。加入特定的政黨可以得到黨派意識明顯的樁腳或選民的支持，但是對於派系人士來說，這樣的支持基礎可能還不夠，因為許多人沒有加入政黨，所以必須服務更多更廣的樁腳和選民才能確保當選。這也顯示為何有些政治人物選擇派系的標籤更勝於政黨的標籤之原因。

另外，台灣社會的人情世故也是地方派系之所以存在的重要文化因素。有幾位擔任縣議員的受訪者告訴筆者，他們平常的工作就是參加婚喪喜慶，早上參加公祭，中午和晚上參加喜宴[100]。他們說，你去了不一定有票，沒去是一定沒票。

---

[100] 根據筆者參加地方喜宴的經驗，通常不同派系的政治人物都會到場致意和講話，平均停留大約十分鐘，因為如果停留太久，可能會造成其他的喜宴來不及參加。如果是屬於自己的樁腳或支持者的場合時，通常政治人物會被邀請上台證婚或是講話，停留的時間可能比較久。換言之，每個假日或是黃道吉日，中

而且有的時候還要包紅包或白包,每個月下來這是一筆很大的開銷。因此有些議員只能發展其他的副業來補貼政治上的花費。大多數的議員或地方民意代表必須勤於問政和跑攤,這樣才不會落選。上述這些選民服務的片段深刻地描繪出台灣地方社會每日上演的文化活動。再則,每次地方選舉都要花費大筆的競選經費,刊登廣告看板和旗幟,連選個里長都要所費不貲,遑論更高職位的公職選舉。換言之,地方派系之所以存在與文化因素和制度的因素息息相關。如果能夠統一由議會機關送相關的祝賀或輓聯,而不由個別議員來出錢,讓議員可以專心在問政上,這樣比較能夠提昇地方政治的治理品質。另外政府應該考慮公辦競選,由國家負擔競選的所有經費,讓候選人專心於政策辯論和選區經營。亦即,從文化和制度的改革著手,可以部分解決地方派系激烈競爭的現象,同時也可以讓地方的政治人物專心扮演其公職的角色。

地方派系是屬於非正式組織,很容易因為個人恩怨好惡來決定彼此的親疏遠近。派系惡鬥有時比政黨惡鬥更激烈或是更涇渭分明,原因在於其屬於非正式的競爭關係,沒有正式制度的約束和規範。如何透過制度的設計或是運用政黨的機制來減少地方派系的惡鬥,是台灣民主改革的重要工程。我們應該思考如何讓不同的地方派系進行制度性的競爭,而不是相互的詆毀和攻擊的惡鬥。比較具體的做法是嚴格取締任何發送未經署名的文宣或是樹立未經署名的看板,來遏止派系惡鬥的現象。

午或晚上的時間地方的政治人物都在不同的喜宴上穿梭,有時甚至根本連喜宴的佳餚也沒時間吃,要等結束之後才能用餐。

研究地方派系所運用的方法可以區分成量化和質化兩大類。量化方法基本上運用調查的方法和統計的技術來歸納一般化的結果，相關研究內容如那些選民是因為派系動員而去投票。質化方法基本上是以個案研究和比較研究兩種方法來進行派系相關的分析。個案研究方法基本上是以一個縣市或鄉鎮的派系競爭為例，分析那些脈絡化因素會影響派系的互動。而比較研究基本上透過對於不同縣市的比較，來找出派系發展的相同原因或差異因素。基本上，質化的研究會透過所謂的參與觀察和深度訪談兩種方式取得經驗資料。參與觀察的可能方式通常是參與派系的活動，透過對於派系運作的直接觀察取得相關的資料。深度訪談的方式是透過與派系領袖或次級幹部或樁腳的訪談來進行。為了提高資料的信度，可以透過三角驗證法來確認訪談內容，亦即訪問派系人士、敵對派系人士和第三公正人士如記者等來交叉檢證訪談資料的真實性。另外，派系研究通常需要取得受訪者之信任，這樣他們才願意侃侃而談。因此通常訪問的對象可能必須透過某位派系受訪者的引介，這樣比較容易取得信任，得到也是屬於比較深度的資料，而非表面的虛應故事。最後，派系研究可能會涉及一些敏感的議題例如買票，有些派系人物會用「處理」的字眼來代替買票或是說他們是對於敵對陣營的描述，不是他們的動員行為。為了保護被研究者，他們的名字需要化名處理，同時寫好的論文也需讓受訪者再次看過，以確保是受訪者的原意。以上這些研究方法和田野研究的紀要可提供有興趣研究派系的學者和學生一些參考。

　　地方派系研究可以說是台灣本土研究中，論文數量相當眾多的一個領域（超過一百篇以上的研究文章和碩、博士論文）。只要有明顯派系存在的縣市，都有相關的政治或社會學者持續地投入研究。本書因為人力和資源的侷限，只研究雲林、嘉義、台南三個縣市的派系。希冀藉此能夠拋磚引玉，讓學術的先進或後學能夠據此建立更精緻的地方派系理論建構。雖然有些縣市的縣級派系已經消失，如台南縣或屏東縣，但是我們也不能以偏概全地推論地方派系已經完全消失在台灣地方政治或社會的舞台。在台灣，有些派系選擇以加入政黨的方式來繼續運作，有些派系選擇和過去的敵人民主進步黨合作，或是重返過去與國民黨再度攜手合作等方式繼續影響地方政治的運作。因之，我們不能妄下斷言地說，派系已經消失了，這個一般性的陳述不僅與經驗事實不符，同時其對於一些派系經營的人士來說，這個推論是學術象牙塔閉門造車的可笑產物。因為派系運作的模式已經與傳統的方式迥異，學術界可能必須透過更細緻的問題提問和更深度的經驗訪談才能一窺其運作的堂奧。有人形容派系如同百足之蟲，死而不僵。換言之，派系有可能因為衰敗而勢力削減，但是並不因此消失殆盡。這句成語比較能深刻形容派系在地方政治運作下會出現的一種態樣。當然，有些派系出現人亡派息的現象，從此消失在地方社會之中。但是，還是有可能由其他的派系會取而代之，繼續運作。除非選舉制度被廢除，否則選舉中激烈的競爭是派系存在的重要條件。派系研究跟派系運作一樣，過去曾經在台灣的政治學研究中占有重要的地位，但是近年來派系研究較難成為前瞻的議題研究，有些學者認為可能是因為派系本身的變遷，或是因為研究的議題已經被挖掘殆盡,無法有太多的新意。筆者對這些觀點持保留的態度。最後希冀本書能激發一些學界的先進或後學繼續觀察派系的運作,以延續這個台灣本土研究這個重要議題的命脈。

國家圖書館出版品預行編目（CIP）資料

雲嘉南地方派系的持續與變遷／蔡榮作．-- 初版．--
新北市：華藝學術出版：華藝數位出版，2014.10
面；　公分
ISBN 978-986-5663-06-3（平裝）
1.地方政治 2.地方派系 3.台灣
575.33　　　　　　　　　　　　　103018378

雲嘉南地方派系的持續與變遷

作　　者／蔡榮祥
責任編輯／張政柔
美術編輯／林玫秀

發 行 人／鄭學淵
經理暨總編輯／范雅竹
發行業務／楊子朋
出版單位／華藝學術出版社（Airiti Press Inc.）
　　　　　234 新北市永和區成功路一段 80 號 18 樓
　　　　　電話：(02)2926-6006 傳真：(02)2923-5151
　　　　　服務信箱：press@airiti.com
發行單位／華藝數位股份有限公司
　　　　　戶名（郵政／銀行）：華藝數位股份有限公司
　　　　　郵政劃撥帳號：50027465
　　　　　銀行匯款帳號：045039022102（國泰世華銀行　中和分行）

法律顧問／立暘法律事務所　歐宇倫律師
ISBN ／ 978-986-5663-06-3
DOI ／ 10.6140/AP.9789865663063
出版日期／ 2014 年 10 月初版
定價／新台幣 360 元

版權所有・翻印必究　　Printed in Taiwan
（如有缺頁或破損，請寄回本社更換，謝謝）